# Raspberry Pi ohne Vorkenntnisse

## Innerhalb von 7 Tagen das erste eigene Projekt erstellen

Benjamin Spahic

## Impressum:

# PBD Verlag

*Autor: Benjamin Spahic*
*Anschrift:*
*Benjamin Spahic*
*Konradin-Kreutzer-Str. 12*
*76684 Östringen*

*Lektor: Roland Blümel*
*Zweitlektor: Mentorium GmbH*
*Cover: Kim Nusko*
*ISBN Taschenbuch: 9798756142488*
*ISBN Hardcover: 9798756142778*

*E-Mail: BenjaminSpahic@pbd-verlag.de*
*LinkedIn: Benjamin Spahic*
*Raspberry Pi ohne Vorkenntnisse*
*Ersterscheinung 29.10.2021*
*Vertrieb durch kindledirectpublishing*
*Amazon Media EU S.à r.l., 5 Rue Plaetis, L-2338, Luxembourg*

## Disclaimer

Dieser Ratgeber wurde nach bestem Wissen und Gewissen verfasst, jedoch können trotz mehrfacher Durchsicht Unklarheiten oder Irrtümer nicht vollkommen ausgeschlossen werden.

Daher kann keinerlei Gewähr für die Aktualität, Korrektheit, Vollständigkeit oder Qualität der bereitgestellten Informationen übernommen werden. Haftungsansprüche gegen den Verfasser, welche sich auf Schäden materieller oder ideeller Art beziehen, die durch die Nutzung der dargebotenen Informationen bzw. durch die Nutzung fehlerhafter und unvollständiger Informationen verursacht wurden, sind ausgeschlossen. In diesem Buch werden keine Garantien oder Versprechungen zu Gewinnen gemacht. Alle Aussagen entsprechen der subjektiven Meinung des Autors.
Bei konstruktiver Kritik, Vorschlägen für weitere Kapitel, Änderungen oder Fehlerkorrektur nehmen Sie bitte umgehend Kontakt über die E-Mail-Adresse im Impressum auf.

Inhalt

# 1. Vorwort und Einleitung

Die Welt liegt in Schutt und Asche, doch 1941 stellen die beiden deutschen Ingenieure Konrad Zuse und Helmut Schreyer in Berlin eine Erfindung vor, die unser Leben so maßgeblich beeinflusst hat wie keine andere Entdeckung seiner Zeit. Die Rede ist von der „Zuse Z3“, dem weltweit ersten Digitalrechner. Natürlich kann man die Zuse Z3 nicht mit heutigen Rechnern vergleichen, weder im Aufbau noch in ihrer Funktion oder ihren räumlichen Dimensionen.

Die Zuse Z3 war mehrere Tonnen schwer und nahm beinahe einen ganzen Raum für sich ein.

*Abbildung 1 Nachbau der Zuse Z3 im Deutschen Museum München*

Die Technik ist schneller entwickelt worden, als man es sich erträumt hätte. Niemand konnte sich damals ausmalen, wie rasant die Miniaturisierung voranschreiten wird.

*„Computer der Zukunft werden vielleicht einmal nicht mehr als 1,5 Tonnen wiegen.“*

*— Popular Mechanics, 1949*

Heute ist es unser Alltag, dass wir uns vom Smartphone wecken lassen, im Job unsere E-Mails beantworten, und abends nach getaner Arbeit gemütlich eine Serie oder einen Film auf Netflix, Amazon, Disney+ oder Apple TV anschauen. Jedoch gleicht jede einzelne dieser Tatsachen einem Wunder, dessen wir uns meistens noch nicht einmal bewusst sind. Denn für all diese Anwendungen werden Strukturen benötigt, die erst innerhalb der letzten 50 Jahren aufgebaut wurden.

Digitale Inhalte werden in riesigen Server-Farmen 24 Stunden am Tag bereitgestellt. Für die gesicherte Datenübertragung wird das Internet benötigt, ein weltweites Netz einer digitalen Infrastruktur mit unzähligen Knotenpunkten. Dazu kommen kilometerlange Stromnetze, welche die elektrische Energie speichern und bereitstellen, sodass wir zu jeder Tages- oder Nachtzeit die gewünschten Inhalte innerhalb weniger Sekunden angezeigt bekommen.

Schlussendlich werden die angeforderten Inhalte auf Monitoren, Smart-TVs, Smartphones, Notebooks oder Tablets wiedergegeben.

Dieser technische Fortschritt wurde maßgeblich durch die Digitalisierung ermöglicht. Die Digitalisierung war, bzw. ist immer noch, die größte technische Revolution der modernen Geschichte.

Alle diese bahnbrechenden Neuerungen wurden von Menschen, von Ingenieuren, Technikern und Programmierern, realisiert. Allerdings hält sich die Begeisterung für diese Leistungen und Themen in unserer Gesellschaft immer noch stark in Grenzen.

Jeder nutzt die Technik und profitiert vom Fortschritt, doch den Willen, Elektrotechnik und Programmierung zu verstehen, und ein Teil dieses Erfindertums zu werden, haben die wenigsten. Dabei ist es egal, ob man es als Hauptberuf einbringen oder sein Wissen als Hobby-Projekt weiterführen möchte.

Du scheinst dich jedoch für genau dieses Thema zu interessieren, da du dieses Buch gekauft hast. Und das führt uns zum Kernthema dieses Buches – dem Raspberry Pi. Der Raspberry Pi ist perfekt geeignet, um eigene Projekte zu realisieren und die Programmierung in Python kennenzulernen.

Vielleicht bist du noch Schüler und möchtest dir einen eigenen Mini-PC zusammenbauen, oder du bist ein gelernter Programmierer, der mehr über die Hardware erfahren möchte, oder du bist vielleicht ein junggebliebener Pensionär, der ganz allgemein mehr über Computersysteme und deren Programmierung erfahren möchte. Jedenfalls wirst du es nicht bereuen, dich mit der Materie auseinanderzusetzen.

Gewiss gibt es viele Internetseiten und Bücher, die an dieses Thema heranführen. Diese Bücher sind jedoch oft über 500 Seiten stark und für Neueinsteiger

vollkommen ungeeignet.
Wenn man sich in der Materie bereits auskennt und Anhaltspunkte für ein spezielles Projekt benötigt, können diese Bücher hilfreich sein, aber für einen Großteil der Interessenten ist das weder erforderlich noch effektiv.

Aus genau dieser Problemstellung heraus ist dieses Buch entstanden.

Dieses Buch ist ein kompakter Einsteigerratgeber für Wissbegierige, die ohne viel Vorwissen schnellstmöglich die grundlegenden Prinzipien verstehen und schnellstmöglich das erste eigene Projekt starten wollen.

Hier geht es um Themen wie: Was ist ein Einplatinencomputer? Wie schließe ich Sensoren und andere Bauteile richtig an den Raspberry an? Wie programmiere ich schnell und effizient? Alles wird Schritt für Schritt erarbeitet und mit einem echten Beispielprojekt aus der Praxis abgerundet.

Welche Voraussetzungen musst du erfüllen? Über welchen Wissensstand solltest du verfügen?

Dieses Buch ist grundsätzlich für jeden geeignet, der Begeisterung für Technik und Programmierung mitbringt.

Wissen über die Grundlagen der Elektrotechnik sind von Vorteil, um auch komplexere Schaltbilder und Stromflüsse verstehen zu können, und werden deshalb wiederholt.

Da der eine oder andere Leser noch keine Erfahrung mit der Programmiersprache Python oder dem Aufsetzen eines Betriebssystems gesammelt hat, werden im ersten Kapitel die Basics der Programmierung und elektrotechnische Grundlagen behandelt. Es wird jedoch nur das unbedingt Notwendige erklärt. Wenn du tiefergehende Kenntnisse, beispielsweise in der Programmierung erlangen möchtest, wird weiterführende Literatur empfohlen.

Das Buch geht also von einem Leser mit technischen Grundlagen aus, aber ohne tiefergehende Vorkenntnisse im Bereich Raspberry.

Falls du von dir selbst sagen kannst, dass du in diesen Bereichen keinen Nachholbedarf hast, kannst du mit dem dritten Kapitel beginnen, in dem es speziell um die Geschichte des Raspberry Pis und um verschiedene Ausführungen des Einlagencomputers geht.

Es empfiehlt sich jedoch, die Grundlagen noch einmal kurz zu überfliegen.

Zur besseren Struktur sind im Buch an bestimmten Stellen immer wieder folgende Icons zu finden:

Rechensymbole: Hier wird es komplexer. Es wird ein Exkurs oder eine Herleitung angeführt. Die Herleitung eines Themengebiets ist für das Verständnis hilfreich, jedoch nicht essenziell notwendig und deshalb eher zum Nachschlagen gedacht.

Glühbirne: Aufgepasst, hier werden die Kernpunkte eines Kapitels zusammengefasst. Diese Aussagen eignen sich gut zum Nachschlagen oder um ein Themengebiet noch einmal zu überfliegen.

Achtung: Hier wird auf häufig gemachte Fehler hingewiesen. Es wird gezeigt, wo und warum man häufig Hindernisse oder falsche Annahmen trifft.

Jetzt wünsche ich dir viel Spaß beim Lesen und Eintauchen in das Raspberry Pi-Ökosystem.

# 2. Grundlagen Elektrotechnik

Die Raspberry Pi-Plattform vereint in sich Hardware und Software. Um das Ökosystem sinnvoll nutzen zu können, ist es unbedingt notwendig, Schaltungen sowie Peripherie in Form von Bauteilen zu verstehen. Daher werden zunächst die physikalischen Größen Strom, Spannung, Leistung und Energie wiederholt. Diese sind jedem bekannt, häufig werden sie jedoch falsch verwendet oder interpretiert.

Die folgenden Definitionen wurden aus meinem Buch „Elektrotechnik ohne Vorkenntnisse – Die Grundlagen in 7 Tagen verstehen“ übernommen. Das Buch ergänzt diese Reihe und ist ähnlich anfängerfreundlich aufgebaut wie das vorliegende Buch.

Wer die Elektrotechnik grundlegend und weitergehend verstehen möchte, dem empfiehlt sich dieser Ratgeber.

Alternativ kann der erste Teil der Gleichstromlehre aus dem Buch „Elektrotechnik einfach erklärt“ von Tobias Tippelt empfohlen werden.

## 2.1. Das elektrische Potenzial $\phi$

Das elektrische Potenzial – oder auch elektrostatisches Potenzial genannt – wird mit $\phi$ (griechischer Kleinbuchstabe Phi) abgekürzt. Es hat die Einheit Volt V.

Das elektrische Potenzial beschreibt die potenzielle Energie einer Probeladung innerhalb eines elektrischen Feldes. Das elektrische Feld ordnet jedem Punkt im Raum ein Potenzial zu.

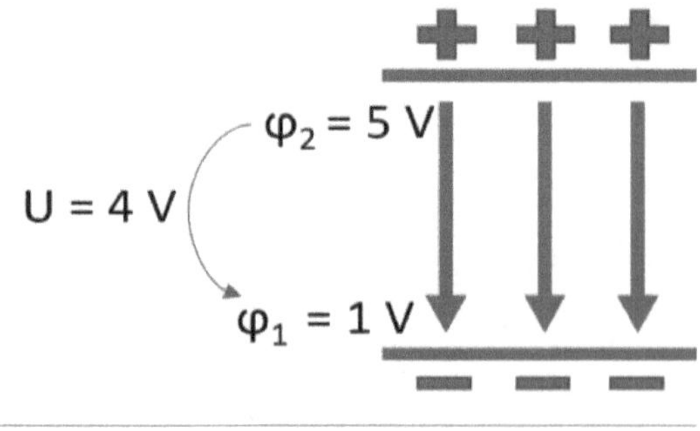


*Abbildung 2 Potenziale und Spannung im homogenen E-Feld*

## 2.2. Die Spannung U

Die Differenz zweier Potenziale $\phi 2$ - $\phi 1$ nennt man die Spannung U. Diese hat ebenfalls die Einheit Volt V.

Bei einer Spannung ist immer darauf zu achten, dass sie lediglich eine Potenzialdifferenz angibt. Daher benötigt man immer ein Bezugspotenzial.

Eine normale Batterie hat eine Spannung von 1,5 V. Das bedeutet, dass der Pluspol, also der obere Kontaktpunkt der Batterie, ein um 1,5 V höheres elektrisches Potenzial als der Minuspol besitzt.

## 2.3. Der Strom I

Ein Maß für die Stärke des Elektronenflusses ist der Strom, abgekürzt mit dem Formelzeichen I. Seine Einheit ist das Ampere A.

Der Strom fließt im technischen Stromkreis immer vom Pluspol zum Minuspol, obwohl die Elektronen physikalisch vom Minuspol zum Pluspol fließen.

## 2.4. Die Energie E und die Leistung P

### Die Energie

Die Begriffe Energie und Arbeit werden für dieselbe physikalische Größe verwendet. Die Energie oder auch die verrichtete Arbeit wird mit E oder W abgekürzt.

Die Energie gibt an, wie viel Arbeitein System leisten kann, beispielsweise wie viel Wärme erzeugt werden kann. Energie ist unabhängig von Zeit. Ihre international genormte Einheit (SI-Einheit) ist das Joule [J].

Alternative Einheiten sind Wattsekunden Ws bzw. Kilowattstunden kWh. Eingebürgerte Einheiten für Energie sind beispielsweise die Kilokalorien kcal.

## Energieerhaltung:

Energieerhaltung besagt, dass im Universum eine feste Menge Energie vorhanden ist, und diese nicht vernichtet oder erzeugt werden kann. Energie kann lediglich in verschiedene Formen umgewandelt werden

## Die Leistung P

Die Leistung hingegen ist eine physikalische Größe und bezeichnet die Energie bzw. Arbeit, die in einer bestimmten Zeit umgesetzt wird.

$$P = \frac{\Delta E}{\Delta t}$$

Die Einheit der Leistung ist das Watt, entsprechend Energie pro Zeit. Die Einheit für die Energie ist das Joule, die Einheit der Zeit ist die Sekunde.

Ein Watt entspricht folglich einem Joule pro Sekunde $1\frac{J}{s} = 1W$

Die elektrische Leistung, die ein System oder ein Bauteil umsetzt, errechnet sich, indem man die anliegende Spannung mit der Stromstärke multipliziert.

$$\boldsymbol{P = U \cdot I}$$

# 2.5. Der Widerstand R

Der elektrische Widerstand ist, wie es der Name schon sagt, ein Widerstand für Elektronen. Es wird den Elektronen folglich erschwert, durch den Widerstand zu fließen.

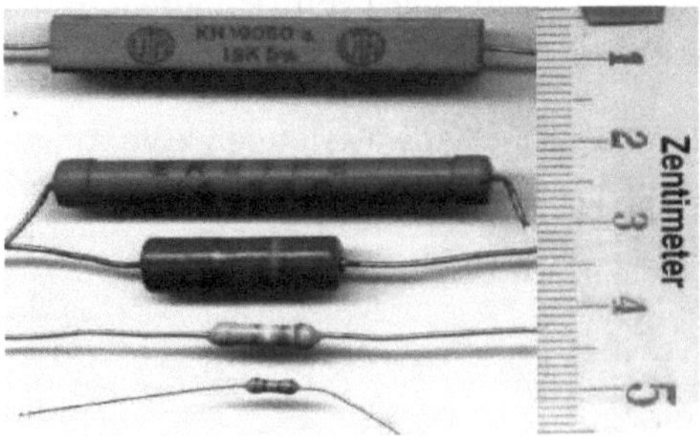


*Abbildung 3 Verschiedene Widerstandsbauformen*

Der elektrische Widerstand hat das Formelzeichen R und wird in Ohm Ω angegeben.

Der elektrische Widerstand gibt an, welche elektrische Spannung U erforderlich ist, um eine Stromstärke I durch einen elektrischen Leiter fließen zu lassen.

$$R = \frac{U}{I}$$

Die Einheit Ohm ist daher $1\Omega = \frac{1V}{1A}$

Wir können die Formeln dementsprechend umstellen, zu

$$U = R \cdot I$$

Ein Merkspruch, der den Zusammenhang zwischen Spannung, Widerstand und Strom in einem Stromkreis angibt, ist daher „URI".

Der Widerstand ist gleichzeitig ein elektrisches Bauteil. Spricht man von einem Widerstand, meint man meistens das konkrete Bauteil.

Das Schaltsymbol wird als Rechteck gezeichnet.

*Abbildung 4 Amerikanisches Schaltsymbol*

*Europäisches Schaltsymbol*

## Spannungsteiler

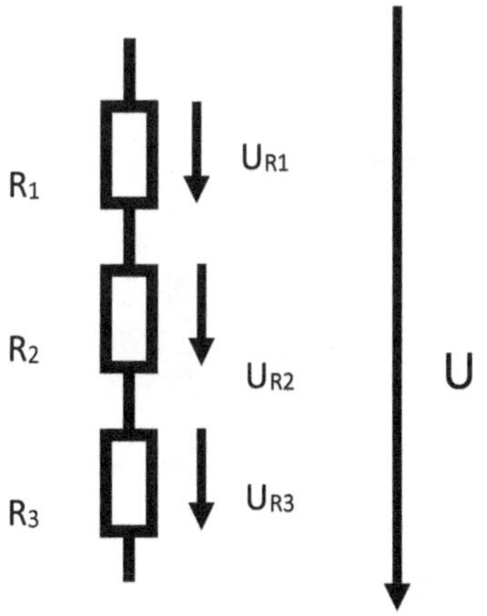


*Abbildung 3 Spannungsteiler bei Serienschaltung von Widerständen*

Wir haben mehrere in Serie geschaltete Widerstände und kennen die Spannung, die über allen Widerständen zusammen abfällt. Aber wie viel Spannung fällt über den einzelnen Widerständen ab?

Die Widerstände teilen die Spannung proportional zu ihren Widerstandswerten untereinander auf, daher bilden sie einen Spannungsteiler.

$$\frac{Spannung\ am\ Widerstand}{Gesamtspannung} = \frac{Widerstandswert}{Gesamtwiderstand}$$

$$U_{R1} = U_0 \cdot \frac{R_1}{R_1 + R_2 + R_3 + \cdots}$$

$$U_{R2} = U_0 \cdot \frac{R_2}{R_1 + R_2 + R_3 + \cdots}$$

...

$$U_0 = 10V, R_1 = 6\Omega, R_2 = 4\Omega$$

$$U_{R1} = 10V \cdot \frac{6\Omega}{6\Omega + 4\Omega} = 6V$$

$$U_{R2} = 10V \cdot \frac{4\Omega}{6\Omega + 4\Omega} = 4V$$

## 2.6. Die Diode

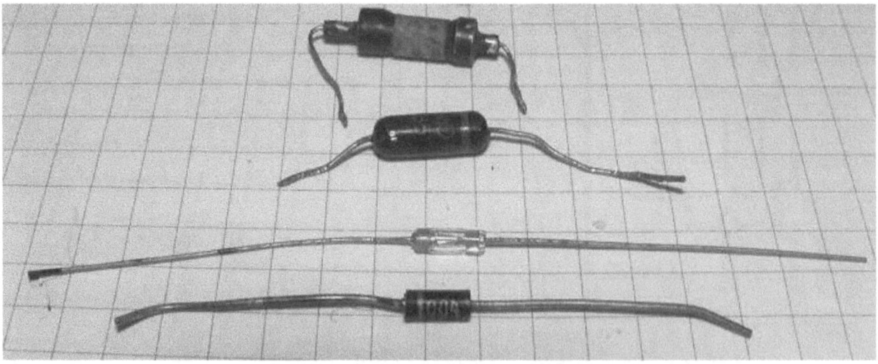

*Abbildung 4 Verschiedene Dioden-Bauformen*

Eine Diode ist ein Bauteil, das den Strom nur in eine Richtung durchlässt. Daher spricht man hierbei auch von einem Halbleiter-Bauelement.

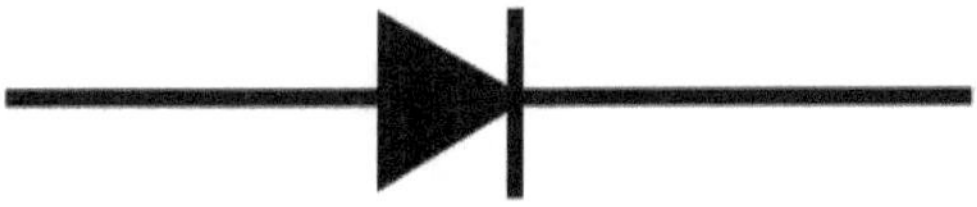

*Abbildung 5 Schaltsymbol Diode*

Die Diode besteht aus einer Anode, die an den Pluspol bzw. das höhere Potenzial angeschlossen wird, und einer Kathode, die an den Minuspol bzw. das niedrigere Potenzial, angeschlossen wird.

Ein senkrechter Strich auf dem Bauteil zeigt an, welcher Draht die Kathode darstellt.

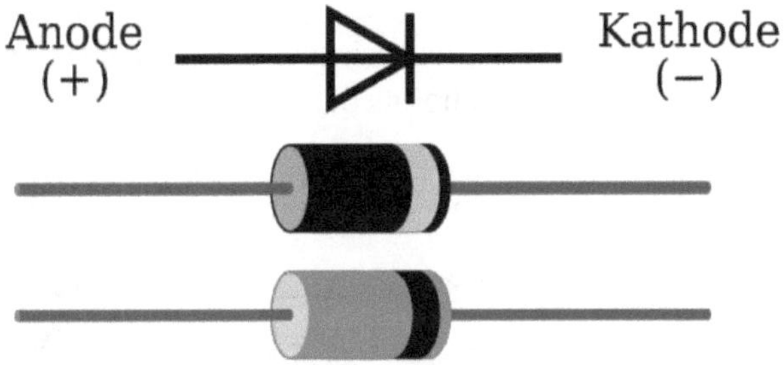


*Abbildung 6 Anode und Kathode einer Diode*

Dadurch, dass die Diode nur in eine Richtung leitet, spricht man davon, die Diode entweder in Flussrichtung oder in Sperrrichtung zu betreiben.

An einer Standard-Siliziumdiode fallen in Flussrichtung circa 0,7 V ab. Bei einer Schottky-Diode beispielsweise nur 0,2 V.

Eine Diode hat in Flussrichtung nahezu keinen Widerstand und begrenzt den Stromfluss daher nicht. Man benötigt deshalb einen weiteren Widerstand, den man Vorwiderstand nennt, da ohne ihn die Gefahr eines praktischen Kurzschlusses besteht.

## Exkurs: LED

*Abbildung 7 Schaltsymbol LED*

Die Wirkungsweise und Eigenschaften einer Leuchtdiode sind dieselben wie die einer „normalen" Halbleiterdiode.

Jedoch haben LEDs meistens eine höhere Durchlassspannung von circa 1,6 V - 2,6 V statt 0,7 V.

! Auch eine Leuchtdiode hat in Flussrichtung nahezu keinen Widerstand und begrenzt den Stromfluss daher nicht.

## 2.7. Der Kondensator und die Kapazität C

*Abbildung 8 Verschiedene Kondensatoren*

Der Kondensator hat ähnlich wie eine Batterie die Fähigkeit, elektrische Ladungen zu speichern, jedoch nur für kürzere Zeitspannen.

Daher eignet er sich perfekt, um Spannungen und Ströme zu stützen. Kann eine Spannungsquelle nicht die benötigte Strommenge zur Verfügung stellen, dient der Kondensator als Pufferspeicher.

Kondensatoren geben bei Bedarf in kurzer Zeit viel Energie ab. Im Anschluss, wenn wenig Last anliegt, laden sie sich wieder auf.

Solche Kondensatoren sind fast immer parallel zu Versorgungsspannungen verbaut, um diese zu stützen. Daher nennt man sie auch Stützkondensatoren.

Die Konstante, die den Zusammenhang zwischen Spannung und Ladung angibt, heißt Kapazität C. Ihre Einheit ist das Farad F.

In der Realität sind die Kapazitäten von Kondensatoren verhältnismäßig klein. Die Größenordnung der Kapazität liegt im Micro-, Nano- oder Picofaradbereich.

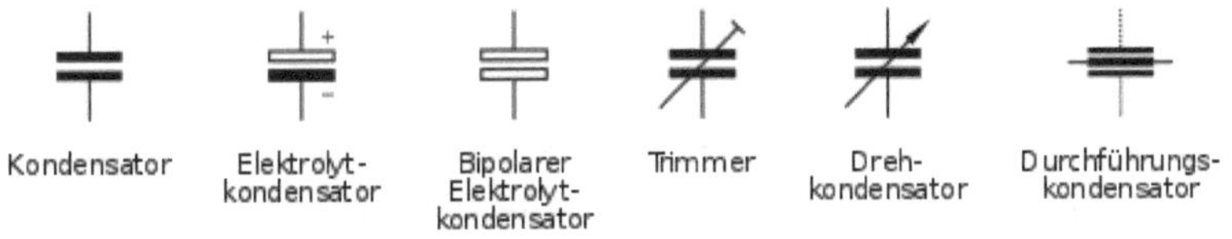


*Abbildung 9 Schaltzeichen für verschiedene Kondensatortypen*

## 2.8. Digitaltechnik

Nachdem wir die relevantesten Hardware-Komponenten kennengelernt haben, kommen wir zur Digitaltechnik – einem Teilgebiet der Elektrotechnik. Um zu verstehen, wie uns die Digitaltechnik bei der Programmierung hilft, ist es wichtig, die Definitionen ‚analog' und ‚digital' zu kennen.

Analog bzw. ein analoges Signal bedeutet, dass es kontinuierlich ist. Zwischen zwei Werten gibt es theoretisch unendlich viele Zwischenwerte.

Ein einfaches Beispiel dafür ist eine analoge Uhr, bei der der Zeiger nicht tickt bzw. springt, sondern sich kontinuierlich dreht.

Der Zeiger einer solchen Uhr kann theoretisch jede beliebige Stellung innerhalb seiner mechanischen Möglichkeiten einnehmen und damit jede beliebige Zeit anzeigen.

Eine analoge Größe kann innerhalb des Definitionsbereichs jeden beliebigen Wert annehmen.

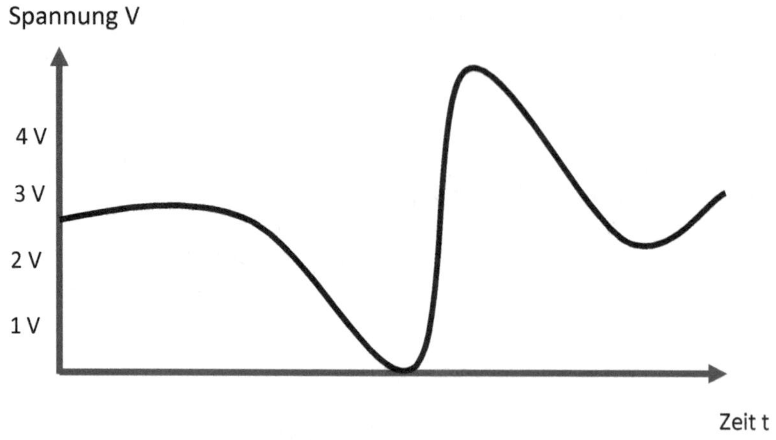


*Abbildung 10 Analoger Spannungsverlauf*

Bei einer digitalen Uhr ist das nicht der Fall. Die meisten digitalen Uhren ohne Ziffernblatt, beispielsweise Digitalwecker, können nicht einmal die Sekunden anzeigen. Die Uhr, bzw. der Wecker, kann nur diskrete Werte (nur ganze Sekunden oder Minuten) annehmen.

Eine physikalische Größe, die nur bestimmte diskrete Werte annehmen kann, nennt man ein digitales Signal.

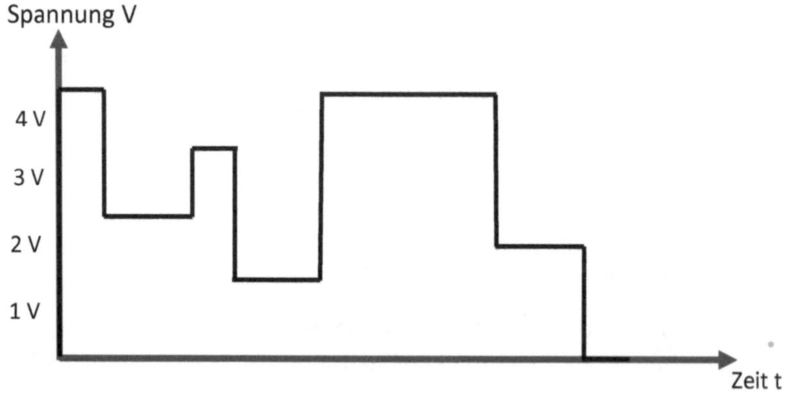


*Abbildung 11 Digitaler Spannungsverlauf*

Funfact: Das Wort digital leitet sich von dem lateinischen Wort digitus ab, was wörtlich übersetzt Finger bedeutet. Denn ein digitales Signal hat, genau wie unsere Finger, eine abzählbare Wertemenge.

Heutige Recheneinheiten wie Taschenrechner, PCs oder Smartphones verwenden nur das digitale System. Eine Speichereinheit, ein sogenanntes Bit, kann entweder geladen (logische „1“) oder nicht geladen sein (logische „0“).

Um mit einer physikalischen Größe, beispielsweise mit der Außentemperatur, rechnen zu können, benötigen wir Sensoren, die die Wärmeeigenschaft der Luft in ein elektrisches Signal umwandeln.

Ein Sensor wandelt eine physikalische Größe in ein elektrisches Signal um, in diesem Fall die Temperatur in eine analoge Spannung.

Dieses analoge Signal wird anschließend in ein digitales Signal gewandelt. Dafür werden Analog-Digital-Wandler ADC (analog-digital-converter) verwendet.

Die Umwandlung eines analogen Signals in ein digitales Signal nennt man Abtastung.

Mit dieser digitalen Größe können wir anschließend unsere gewohnten Rechenoperationen (Addition, Subtraktion, ...) durchführen.

Möchte man anschließend eine analoge Größe ausgeben, beispielsweise um den Motor eines Ventilators zu betreiben, muss die digitale Größe in eine analoge Größe gewandelt werden.

Das Umwandeln einer digitalen Größe in eine analoge nennt man Filtern. Dafür werden Digital-Analog-Wandler DAC (digital-analog-converter) verwendet.

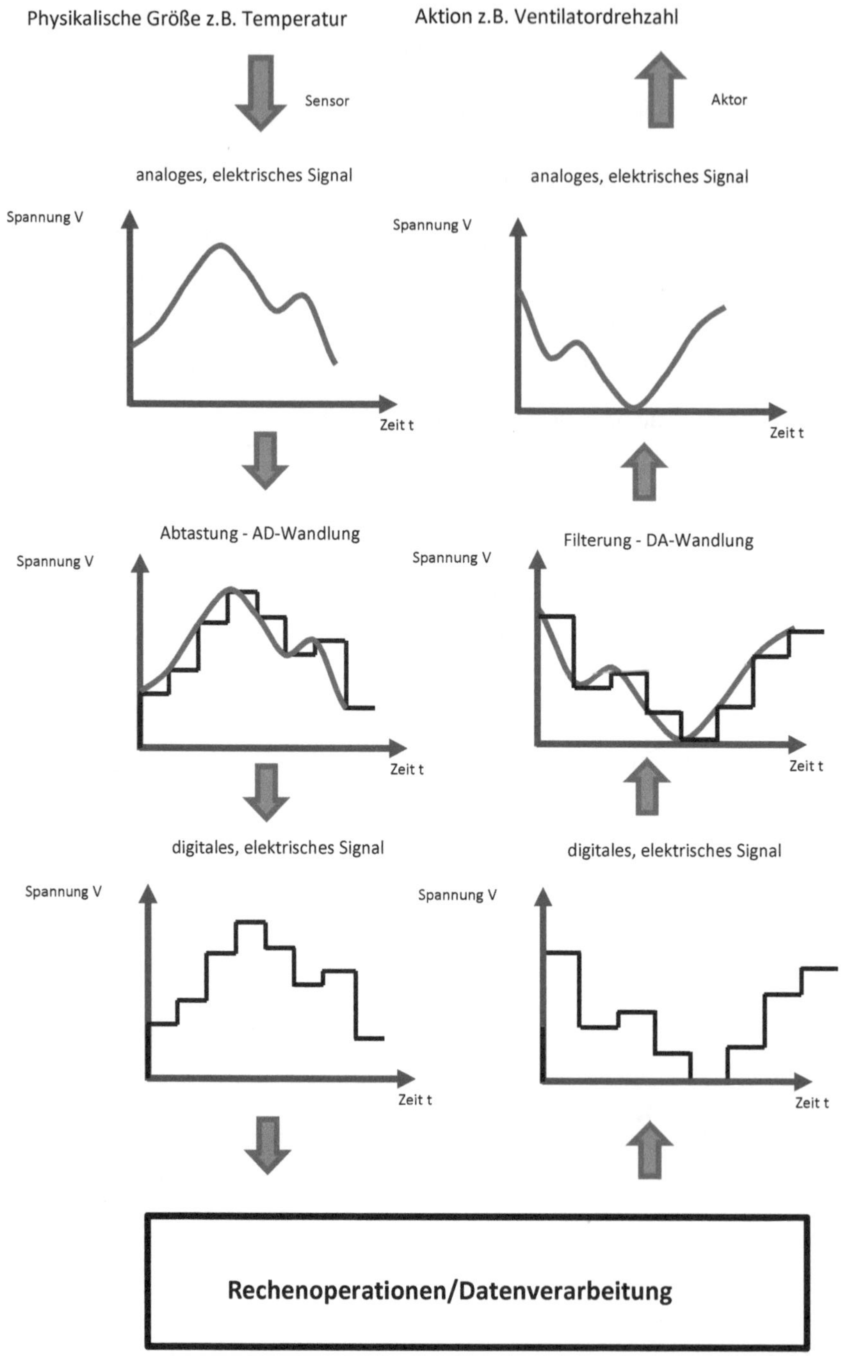


*Abbildung 12 Ablaufdiagramm*

Dabei muss einem bewusst sein, dass bei der analog-digitalen Wandlung Informationen verloren gehen, denn analoge Werte werden auf einen digitalen Wert „gerundet".

Durch das Abtasten eines analogen Signals gehen Informationen verloren. Dabei sind die Verluste abhängig davon, wie genau das Signal digitalisiert wird.

Bei der Temperatur ist es je nach Anwendung nicht bedeutend, ob der digitale Wert auf ganzzahlige Werte, sprich auf 19 °C, oder mit Nachkommastelle (19,5 °C) ausgegeben wird.

Bei Bildern, Videos oder Audiodateien sieht es hingegen schon anders aus. Durch die Digitalisierung bei der Aufnahme gehen Informationen und damit die Qualität von Daten verloren. Es sei jedoch dazu gesagt, dass die Technik mittlerweile auf dem Stand ist, dass diese Effekte kaum noch bemerkbar sind, da die Abtastung in der Kenntnis unserer Wahrnehmungsschwellen feiner ist als diese.

Anders als andere Einplatinencomputer oder Mikrocontroller, wie ein Großteil der Arduino-Familie, besitzt der Raspberry keinen Digital-zu-Analog-Wandler. Das bedeutet, dass wir externe Wandler benötigen, um beispielsweise analoge Sensoren anzusprechen.

Deshalb verwenden wir in den späteren Projekten Sensoren, die entweder vollkommen digital funktionieren oder bereits einen Analog-Digital-Wandler integriert haben.

## 2.9. Zahlensysteme eines Computers

Damit wir verstehen, wie der Computer Zahlen interpretiert, widmen wir uns in diesem Kapitel den Zahlensystemen.

Wir alle kennen das Dezimalsystem aus unserem Alltag. Dass wir zehn Ziffern benutzen, liegt lediglich daran, dass wir zehn Finger besitzen und das arabische Ziffernsystem hierauf aufgebaut wurde.

Wir zählen von null bis neun. Danach benötigen wir eine zusätzliche Stelle, um die nächsthöhere Zahl darstellen zu können.

Nach den Einern kommen die Zehner, Hunderter, Tausender und so weiter. Um diese Reihe darstellen zu können, schreiben wir die Zahlen hintereinander. Wir weisen einer Ziffer entsprechend den höheren Wert zu, je weiter vorn sie innerhalb der Zahl steht.

Die Mathematik kennt diese Interpretation nicht. Sie rechnet mit Potenzen. Dabei bildet die 10 die Basis. Die Stelle, an der die Zahl steht, entspricht der Potenz.

Die Zehner entsprechen, $10^1$ die Hunderter, $10^2$ die Tausender $10^3$ etc.

Unterbewusst wenden wir diese Regel unser Leben lang schon an. Beispielsweise interpretieren wir die Zahl 1273 als 1000 + 200 + 70 + 3.

Jede Zahl lässt sich so in Ziffern und multipliziert mit einer Zehnerpotenz zerlegen. $1273 = 1000 + 200 + 70 + 3 = 1 \cdot 10^3 + 2 \cdot 10^2 + 7 \cdot 10^1 + 3 \cdot 10^0$

Was ist aber, wenn wir nicht 10 als Basis für unser Zahlensystem nehmen, sondern „2"? Dann sprächen wir vom Binärsystem, denn es gibt nicht zehn Ziffern, sondern lediglich zwei; nämlich die Null und die Eins.

Aber wie stellen wir denn dann die Zahl Zwei dar? Genauso, wie wir die Zahl Zehn im Dezimalsystem darstellen – mit einer zusätzlichen Ziffer. Die Zahl Zwei wird demnach dargestellt als „10".

Dann haben die Stellen auch nicht mehr die Gewichtung, $10^0, 10^1, 10^2$, ... sondern $2^0, 2^1, 2^2$, ....

Beispielsweise wird die Zahl 1011 im Binärsystem interpretiert als:

$$1011 = 1 \cdot 2^3 + 0 \cdot 2^2 + 1 \cdot 2^1 + 1 \cdot 2^0 = 1 \cdot 8 + 0 \cdot 4 + 1 \cdot 2 + 1 \cdot 1$$

Im Dezimalsystem entspricht die binäre 1011 also der Elf.

Die folgende Tabelle zeigt die Darstellung von Zahlen im Binärsystem:

| Darstellung im Dezimalsystem | Darstellung im Binärsystem |
|---|---|
| 0 | 0 |
| 1 | 1 |
| 2 | 10 |
| 3 | 11 |
| 4 | 100 |
| 5 | 101 |

| | |
|---|---|
| 6 | 110 |
| 7 | 111 |
| 8 | 1000 |
| 9 | 1001 |
| 10 | 1010 |
| ... | ... |
| 16 | 10000 |
| 32 | 100000 |
| 128 | 10000000 |
| 256 | 100000000 |

Jetzt verstehst du auch den Witz: Es gibt nur „10“ Arten von Menschen. Die, die den Binärcode verstehen, und die, die es nicht tun.

Oft wird dabei eine Stelle als Bit bezeichnet. Ein Bit kann nur den Zustand „1“ oder „0“ annehmen. Ein Byte sind acht Bits, ein Byte kann daher den Wertebereich von 0000000 (dezimal null) oder 11111111 (dezimal 255) annehmen. Das wird später noch von großer Bedeutung sein, beispielsweise bei den Datentypen von Variablen. Möchte man einem Computer eine Zahl als Binärzahl übergeben, kennzeichnet man dies, indem man ein B vor die Zahl schreibt.

*B1011*

Warum ist das Binärsystem für uns so wichtig? Ganz einfach gesagt, weil der Computer keine Finger besitzt, sondern lediglich die Zustände „Spannung vorhanden“ oder „keine Spannung“ kennt. Alle Variablen, Operationen, Funktionen etc. werden auf der untersten Ebene als Bits und Bytes gespeichert.

Es gibt noch andere Zahlensysteme, beispielsweise das Oktalsystem mit der Basis acht (Kennzeichnung mit o vor der Zahl, z. B. o127) oder das Hexadezimalsystem mit der Basis 16 (Kennzeichnung mit ox vor der Zahl, z. B. oxE3). Für uns genügt es allerdings, das Binärsystem zu verstehen.

# 3. Der Raspberry Pi erklärt

Nachdem wir die wichtigsten Grundlagen der Elektrotechnik wiederholt haben und wissen, dass ein Computer oder Mikrokontroller mit digitalen Werten arbeitet, wird im folgenden Kapitel erklärt, was Raspberry Pi überhaupt genau bedeutet, woher diese Bezeichnung kommt, und welche verschiedenen Ausführungen es von ihm gibt.

## 3.1. Entstehung und Namensgebung

Im Vorwort wurde bereits angesprochen, dass es bei vielen Menschen ein Problem mit der Begeisterung gibt, wenn es sich um die Themengebiete Informatik und Elektrotechnik handelt. Das ist jedoch kein neuartiges Problem, sondern eines, welches schon sehr lange besteht. Um die Jahrtausendwende waren Computer noch teuer und unhandlich. Dementsprechend waren Programmierkenntnisse Mangelware. Das bemerkte auch Eben Upton, der spätere Gründer der Raspberry Pi Foundation. Der gebürtige Brite stellte fest, dass sich immer weniger Informatikstudenten an seiner Heimatuniversität in Cambridge eingeschrieben haben. Außerdem waren die Programmierkenntnisse der Studienanfänger ungenügend.

Als Reaktion ist sein Ziel gewesen, einen günstigen Mini-Computer zu entwerfen, der für Studenten erschwinglich ist und mit dem „herumexperimentiert" werden kann.

Zur damaligen Zeit war es Tradition, Computermodelle nach Früchten zu benennen. So entstand der Name des Raspberry, im Deutschen Himbeere. Sein Logo zeigt ebenfalls eine Himbeere.

Ergänzt wurde der Name mit der Abkürzung Pi, was für Python Interpreter steht. Python ist die Programmiersprache, die wir später noch genauer behandeln werden.

Durch die Namensgebung ergibt sich ebenfalls eine Doppeldeutigkeit, denn die Aussprache „Raspberry Pi" ist identisch mit der Aussprache des englischen Wortlautes „raspberry pie", was übersetzt Himbeerkuchen bedeutet.

Im Jahr 2006 entstand der erste Prototyp des Raspberry Pis. 2011 wurden die ersten Exemplare ausgeliefert, zunächst waren 1000 Stück für die Studenten der Informatik geplant.

*Abbildung 13 Raspberry Pi 1*

Nachdem der Raspberry Pi auf der Maker Faire, einer Art Technikmesse, vorgestellt worden war, stieg die Nachfrage nach dem Einplatinencomputer rasant an. Beim offiziellen Verkaufsstart im Jahr 2012 wurden bereits 10.000 Exemplare verkauft, also zehnmal so viel wie zunächst geplant.

Der Raspberry Pi war im Mainstream angekommen. Im ersten Jahr wurden über 1 Million der handlichen Platinen verkauft und insgesamt bis heute über 30 Millionen Modelle des Raspberry Pi. Jahr für Jahr werden es mehr.

Den Erfolg erhielt der Raspberry vorwiegend durch seine Beliebtheit bei Hobby-Programmierern, die schnell die Vorteile eines günstigen, vollwertigen Computers erkannten.

Mit dem Raspberry Pi können auch Laien schnellstmöglich komplexe Projekte realisieren. Vor allem Bastler, Erfinder und Tüftler aus aller Welt nutzen die Raspberry Pi-Plattform. Auch viele Unternehmen greifen auf den Raspberry Pi zurück. Mittlerweile lernen viele Schüler dieses System schätzen und nutzen die Plattform als leicht zu handhabenden Einstieg in das Thema Informatik und Elektrotechnik.

Bis heute hat sich eine große Community um die Raspberry Pi Foundation gebildet. Zu nahezu jeder Problemstellung oder jedem Anwendungsfall gibt es Anleitungen, Lehrvideos oder Foreneinträge.

Mittlerweile gibt es verschiedene Modelle des Raspberry Pi. Diese sind für verschiedene Einsatzbereiche konzipiert worden, weshalb wir uns einmal die wichtigsten Unterschiede anschauen.

## Compute-Module

Die Ausführung eines Raspberry als Computemodul erinnert an einen Arbeitsspeicherriegel, an eine alte Grafikkarte oder eine Erweiterungskarte für den PC. Diese Karten können nicht allein verwendet werden und benötigen ein System, das einen kompatiblen SDRAM-Steckplatz aufweist. Diese Module sind praktisch für erfahrene Programmierer, für Anfänger jedoch ungeeignet.

Bei den Modulen handelt es sich um Raspberry Pi Modelle, die miniaturisiert und an den DDR2-Formfaktor angepasst wurden.

So ist das Computer Module 3+ beispielsweise eine Abwandlung des Raspberry Pi 3 Model B+.

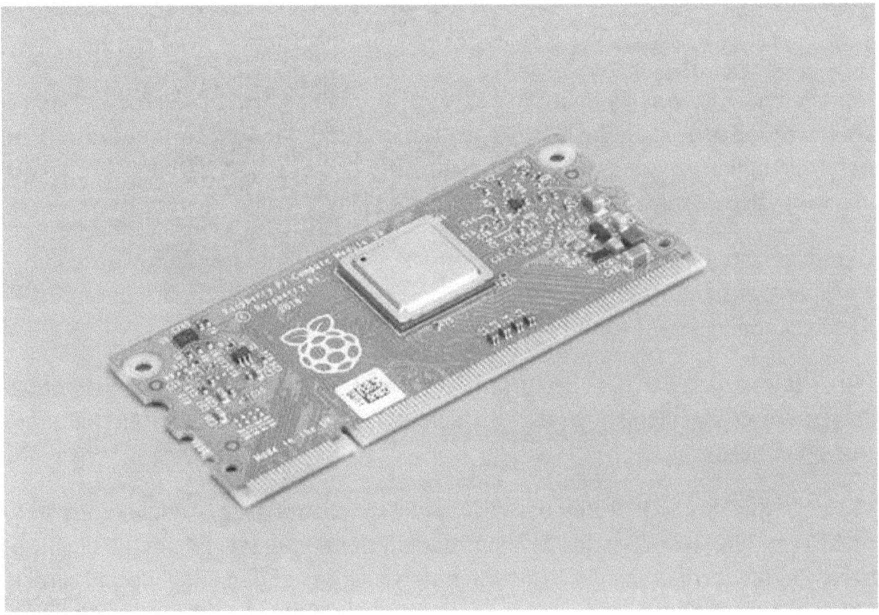

*Abbildung 14 Raspberry Pi Computer Module 3+*

### Raspberry Pi Zero W

Der Raspberry Pi Zero W wurde im Jahr 2017 veröffentlicht und bildet den Nachfolger des Raspberry Pi Zero, der im Jahr 2015 vorgestellt wurde. Dabei handelt es sich um eine sehr abgespeckte Version des Raspberry, die vor allem für platzsparende Anwendungen konzipiert wurde. Er hat Bluetooth und WLAN integriert sowie einen Flachbandkonnektor für eine Raspberry Pi-Kamera.

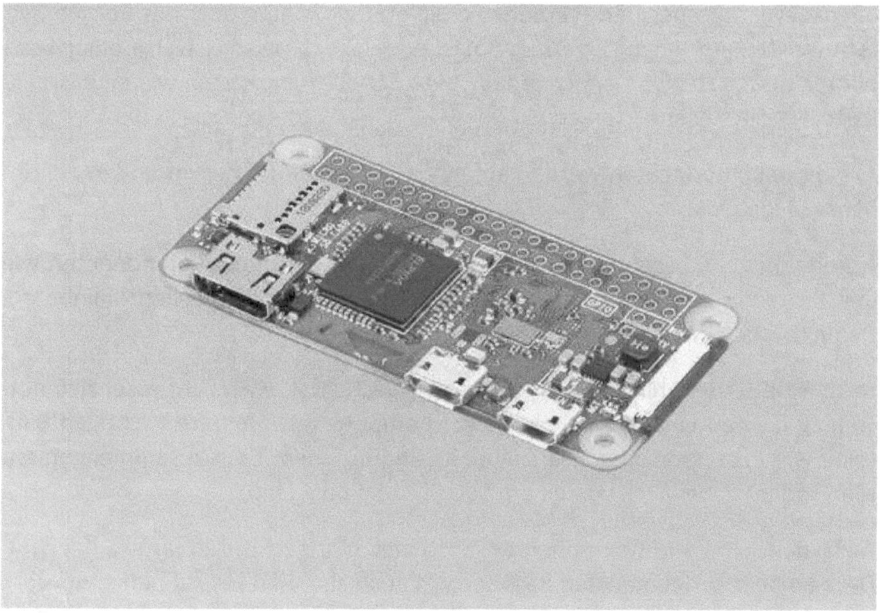

*Abbildung 15 Raspberry Pi Zero W*

Überzeugen kann die Miniaturisierung des Raspberry Pi vor allem durch seinen Preis. Für unter 10 € ist der Einplatinencomputer zu haben, und hat dabei alle wichtigen Features.

Es existieren noch weitere Abwandlungen und Miniaturisierungen der Raspberry-Modelle. Für Einsteiger empfiehlt es sich jedoch, die Standardmodelle, die den Zusatz B enthalten, zu verwenden.

Das aktuelle Modell, der Raspberry Pi 4 B, wurde im Juni 2019 veröffentlicht und ist momentan der beliebteste Mini-Computer unter Hobbyprogrammierern. Deshalb schauen wir uns dessen Aufbau einmal genauer an.

## 3.2. Aufbau des Raspberry Pi 4 B

Wie bereits erwähnt war es Ziel des Raspberry Pi Projekts, einen kostengünstigen, vollwertigen Computer für Studenten zu erstellen. Ein herkömmlicher Standcomputer besteht aus vielen einzelnen Hardwareteilen, beispielsweise aus der zentralen Recheneinheit, dem Prozessor. Die Daten, die verarbeitet werden, werden in einen Kurzzeitspeicher, den Arbeitsspeicher, verschoben. Alle Daten, die dauerhaft gespeichert werden wie Bilder, Dokumente oder das Betriebssystem werden auf einem externen Speicher gelagert, beispielsweise einer Festplatte. Zusätzlich gibt es noch jede Menge Erweiterungskarten wie eine Grafikkarte, Schnittstellenkarten etc.

Alle diese Komponenten werden auf einem Mainboard befestigt und in ein Gehäuse eingebaut.

Notebooks gehen schon einen Schritt weiter und platzieren Komponenten wie den Prozessor oder die Grafikkarte direkt auf einem individuellen Mainboard. Dadurch ist die mobile Bauweise möglich.

Beim Raspberry Pi hingegen wird auf alles verzichtet, was nicht essenziell notwendig für den Einsatz als vollwertiger Computer ist. Mehrere wichtigen Bauteile, wie Prozessor oder Grafikeinheit, sind in einem Chip zusammengefasst. Man spricht dabei auch von einem SoC (System on a Chip).

Außerdem sind alle Komponenten auf einer einzigen Leiterplatte aufgebaut. Deshalb bezeichnet man den Raspberry Pi auch als einen Einplatinencomputer.

Diese Platine verleiht dem Raspberry Pi auch seine typisch grün-türkis Farbe.

Durch seine kompakte Bauweise ist der Raspberry extrem leicht, gerade einmal so groß wie eine Checkkarte und verbraucht im Vergleich zu anderen Computern wenig elektrische Energie.

Im Gegenzug ist ein Raspberry nicht so leistungsfähig wie ein aktueller Stand-PC, dennoch ist seine Leistung für die meisten Anwendungen mehr als ausreichend. Gerade der Raspberry Pi 4 hat in diesem Punkt noch einmal einen enormen Leistungsschub im Vergleich zu seinen Vorgängern erhalten.

Um die Hardware besser zu verstehen, schauen wir uns zunächst einmal den Aufbau des Raspberry Pi 4 genauer an.

*Abbildung 16 SoC auf der Raspberry Pi Platine*

Zunächst fallen die grüne Leiterplatte und das Raspberry Pi Logo auf.

Daneben sitzt der SoC. Der zentralen Recheneinheit, dem SoC, wird der BCM2711B0 Chip eingesetzt. Dieser basiert auf der ARM-Technologie, einer Technologie, die auch häufig in Smartphones eingesetzt wird. Laut der Raspberry Pi Foundation liefert dieser Chip dieselbe Leistung wie ein x86 PC-System. Wie bereits erwähnt, besitzt der SoC eine integrierte Grafikeinheit (GPU). Diese wurde im Vergleich zu den vorherigen Generationen überarbeitet und kann nun auch modernere Befehlssätze verarbeiten. Dadurch entsteht grundsätzlich eine bessere Performance vor allem bei aufwendigen Grafikanwendungen in Spielen. Die Platine ist um den SoC mit vielen Bauteilen versehen.

Über dem Raspberry Pi Logo ist ein 2-in-1-Modul für die drahtlose Datenübertragung verbaut. Der Raspberry Pi 4 verfügt über ein WLAN-Modul mit einer Datenübertragung nach IEEE 802.11b/g/n/ac bei 2,4 GHz und 5 GHz.

Neben der WLAN-Fähigkeit kann das Modul eine Bluetooth 5.0 Verbindung aufbauen. Damit kann der Raspberry vollständig kabellos mit der Außenwelt kommunizieren.

*Abbildung 17 WLAN/Bluetooth-Modul auf der Raspberry Pi Platine*

Rechts neben dem SoC ist der Arbeitsspeicher zu finden.

*Abbildung 18 Arbeitsspeicher auf der Raspberry Pi Platine*

Die Neuheit beim Raspberry Pi 4 ist, dass der Computer in drei verschiedenen Ausstattungen vertrieben wird. Einmal in der Basisvariante mit 2 GB Arbeitsspeicher, in der mittleren Variante mit 4 GB Arbeitsspeicher oder in der höchsten Ausbaustufe mit 8 GB Arbeitsspeicher. Entsprechend der Größe des verbauten Arbeitsspeichers unterscheiden sich die Preise der Versionen zum Teil deutlich.

Deshalb stellt sich die Frage: Rentiert sich der Aufpreis für mehr Arbeitsspeicher oder reicht für ein Projekt auch die Basisvariante mit 2 GB Arbeitsspeicher?

Dazu schauen wir uns einmal an, wofür der Arbeitsspeicher zuständig ist.

Im Arbeitsspeicher werden alle Programme abgelegt, die wir während der Benutzung des Computers geöffnet haben. Das ist nicht nur beim Raspberry Pi der Fall, sondern bei jedem Computer, egal ob Stand-PC, Notebook oder Smartphone. Wenn wir beispielsweise fünf Internet-Fenster geöffnet haben und gleichzeitig zwei Textbearbeitungsprogramme, werden diese im Arbeitsspeicher zwischengelagert.

Wenn der Arbeitsspeicher zu klein gewählt ist und die Programme ihn vollständig ausreizen, kann es vorkommen, dass der Computer langsamer läuft, da er nicht alle Programme gleichzeitig abarbeiten kann.

Grundsätzlich kann man daher sagen, dass der Arbeitsspeicher notwendig ist, wenn man mehrere Programme parallel nutzen möchte.

Es kommt demnach immer auf die Anwendung an, wie viel Arbeitsspeicher benötigt wird. Wenn man lediglich Sensoren auslesen oder einen kleinen Roboter ansteuern möchte, reicht die Basisversion bei weitem aus. Möchte man den Raspberry verwenden, um ein Multimedia-System aufzubauen oder Spiele zu zocken, empfiehlt sich die 4 oder 8 GB Variante.

Neben dem SoC und dem konfigurierbaren RAM sind noch weitere Bauteile wie Spannungsregler, Sicherungen oder Leistungsmesser verbaut. Aus Anwendersicht ist es nicht essenziell wichtig, den Schaltungsaufbau zu verstehen. Ein vollständiges Schema des Schaltplans kann direkt auf der Homepage der Raspberry Pi Foundation heruntergeladen werden.

*https://www.raspberrypi.org/products/raspberry-Pi-4-model-b/specifications/*

In diesem Ratgeber fokussieren wir uns auf die Verwendung des Raspberry. Dafür sind vorwiegend die Anschlüsse und Schnittstellen von großer Bedeutung

## Anschlüsse und Schnittstellen

Beginnen wir die Aufschlüsselung der Schnittstellen des Raspberry Pi 4s direkt mit der größten Änderung im Vergleich zu seinem Vorgängermodell, dem Raspberry Pi 3.

*Abbildung 19 Anschlüsse von links nach rechts: USB-C; Mirco-HDMI; Micro-HDMI; 3,5 mm Klinke*

Beim Raspberry Pi 3 war lediglich ein Standard-HDMI-Anschluss verbaut. Auf dem Raspberry Pi 4 sind hingegen zwei Micro-HDMI-Anschlüsse verbaut. Dadurch können bis zu zwei Bildschirme mit einer maximalen Auflösung von 4k (3840 × 2160 Pixel) angeschlossen werden, theoretisch mit bis zu 60 Bildern pro Sekunde. In der Praxis werden die Bildraten meistens softwareseitig auf 30 Bilder pro Sekunde begrenzt.

Der Nachteil der Ausführung als Micro-HDMI-Buchse ist, dass die meisten gewöhnlichen Displaykabel für eine große HDMI-Buchse ausgelegt sind. Beim Anschließen eines gewöhnlichen Bildschirms benötigt man dementsprechend ein Kabel, das an einem Ende den großen HDMI-Anschluss für den Bildschirm besitzt, auf der anderen Seite hingegen einen Micro-HDMI-Stecker, der an den Raspberry Pi 4 angeschlossen werden kann. Alternativ kann auch ein „Micro-HDMI zu HDMI Adapter“ verwendet werden.

*Abbildung 20 Mirco-HDMI zu HDMI (links) Micro-HDMI zu Display Port (rechts)*

Mit dem Adapter können weiterhin die bisherigen Kabel verwendet werden.

Neben den Grafikausgängen ist eine 3,5 MM Klinkenbuchse vorhanden, an der gewöhnliche Audioausgabegeräte wie Kopfhörer oder Musikanlagen angeschlossen werden können. Der Ausgang unterstützt die 4-polige Audioausgabe in Stereoqualität.

Auf dem Raspberry sind außerdem zwei lange Flachbandverbinder angebracht. Hier kann zum einen ein Kameramodul, am anderen ein Display angebracht werden.

*Abbildung 21 Kamera-Flachbandkabelanschluss*

Auf der Stirnseite des Raspberry Pi 4 sind ein Gigabit Ethernet sowie mehrere USB-Buchsen verbaut. Der Gigabit Anschluss erlaubt Datenraten von bis zu 925 MBit/s und ist über einen Standardtreiber eingebunden. Damit eignet sich der Raspberry Pi 4 deutlich besser als schneller Datenspeicher als beispielsweise ein Home-Server.

Der Raspberry Pi 4 besitzt insgesamt vier USB-Anschlüsse des Typs A. An diesen kann jede gewöhnliche USB-Peripherie, wie eine USB-Maus oder eine Tastatur, angeschlossen werden. Zwei der USB-Anschlüsse erfüllen den USB 2.0 Standard, die anderen beiden USB-Ports erfüllen das USB 3.0-Format. Von den mechanischen Maßen sind die Buchsen vollkommen identisch, der Unterschied liegt in ihrer maximalen Datenübertragung.

Der USB 3.0 Standard wurde im November 2008 eingeführt und bringt im Vergleich zu USB 2.0 eine höhere Datenübertragungsrate von bis zu 4.8 GBit/s mit sich. Das ist circa zehnmal schneller als mit dem vorherigen USB 2.0 Protokoll. Bei der Verwendung von Datenspeichern, wie USB-Sticks oder Festplatten, sollte man diese daher immer an eine der beiden USB 3.0 Buchsen anschließen. Diese erkennt man an der blauen Farbe.

Für Peripherie, die keine schnelle Datenübertragung benötigt, wie beispielsweise eine Maus oder Tastatur, ist einer der beiden USB 2.0 Anschlüsse ausreichend. Diese erkennt man an der weißen Farbe. Neben den vier USB-Typ A Ports ist ein neumodischer USB-Typ-C Port verbaut. Dieser dient jedoch nicht zur Datenübertragung, sondern lediglich zur Stromversorgung.

## 3.3. Stromversorgung des Raspberry Pi

Die Leistungsaufnahme, sprich der „Stromverbrauch“ des Raspberry Pis, hängt stark von den Anwendungen und den angeschlossenen Geräten ab. So kann der Raspberry bei niedriger Auslastung lediglich ein knappes Watt benötigen.

Bei leistungsintensiven Anwendungen wie dem Berechnen komplexer Funktionen oder den Videospielen erhöht sich der Verbrauch dabei enorm. Kurzzeitig kann der SoC allein eine Leistung von bis zu 5 W benötigen. Durch externe, angeschlossene Umgebungsschaltung wie HDmI- oder USB-Geräte kann sich der Strombedarf weiter erhöhen. So kann das Gesamtsystem 10 W oder mehr benötigen. Bei einer Versorgungsspannung von 5 V ergibt das einen Strom von über 2 A. Deshalb muss bei der Auswahl eines passenden Netzteiles darauf geachtet werden, dass das Netzteil genügend Strom genauer gesagt genügend Leistung bereitstellen kann. Außerdem kommt es bei günstigen Netzteilen oftmals vor, dass sie die Spannung von 5 V nicht halten können, wenn gleichzeitig ein hoher

Strombedarf gefordert wird. So reichen günstige 5 V Netzteile meistens aus, um den Raspberry Pi zu starten und leistungsarme Anwendungen zu verwenden. Wird jedoch mehr Leistung benötigt, bricht die Spannung des Netzteils von 5 V beispielsweise auf 4 V ein. Dadurch kann der Raspberry nicht mehr stabil arbeiten und stürzt im schlimmsten Fall ab.

Um das dazu vermeiden, müssen wir ein Netzteil verwenden, das sowohl Reserven in der Leistung besitzt als auch qualitativ hochwertige Bauteile beinhaltet.

Für die Stromversorgung des Raspberry Pi 4 können wir nicht jedes beliebige USB-Netzteil mit USB-C Kabelstecker verwenden. Es empfiehlt sich, ein explizit für den Raspberry Pi 4 ausgelegtes Netzteil mit genügend Leistungsreserven einzusetzen.

Ein Netzteil mit 15 W Nennleistung und einem resultierenden Nennstrom von 3 A ist für die meisten Anwendungen bestens geeignet, wie das offizielle Netzteil der Raspberry Pi-Foundation.

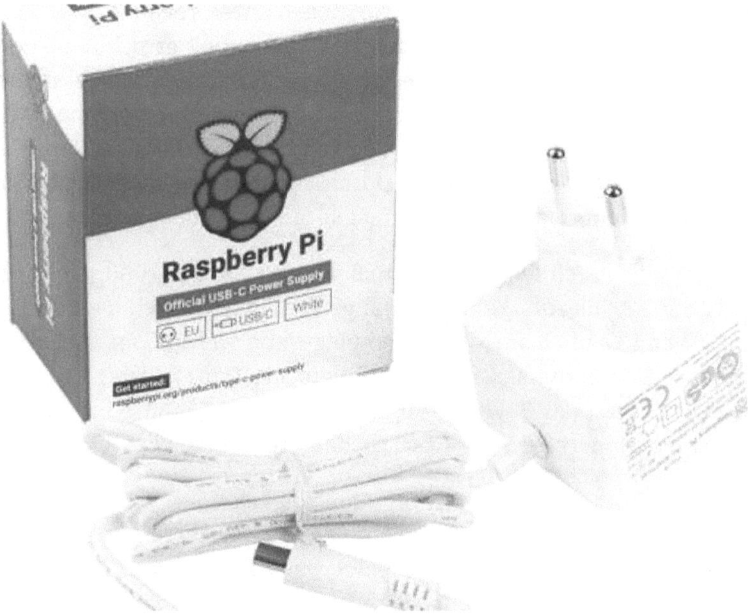


*Abbildung 22 Original Raspberry Pi Netzteil*

Alle Projekte, die wir in diesem Ratgeber vorstellen, können mit diesem Netzteil realisiert werden.

Falls wir ein älteres Modell wie den Raspberry Pi 3 verwenden, empfiehlt es sich auf jeden Fall, das offizielle Netzteil zu benutzen, denn einige Modelle leiden hardwareseitig unter einer Fehlkonstruktion. Durch die Fehlkonstruktion fällt vom Eingang der USB-Buche bis zum SoC Chip eine Spannung von circa 0,5-0,7 V ab. Dadurch zeigt der Pi auch bei normalem Betrieb „Achtung Unterspannung" an. Als Lösung sind die Raspberry Pi Netzteile auf 5,2 V statt bisher 5 V eingestellt. Die Bauteile des Raspberry sind für deutlich mehr als 200 mV Mehrspannung ausgelegt und nehmen daher keinen Schaden.

Bei dem neueren Modell der 4er-Reihe tritt dieser Effekt nicht auf.

Für Projekte, bei denen die Peripherie mehr Leistung benötigt, empfiehlt es sich, diese extern über ein zusätzliches Netzteil zu versorgen, beispielsweise über einen USB-Hub mit externer Stromversorgung.

Das entlastet das Versorgungsnetzteil des Raspberry sowie die Leiterbahnen und Buchsen des Raspberry Pis, da diese nicht mehr konstant den Strom übertragen müssen. Für sicherheitskritische Anwendungen werden vor allem im Industriebereich häufig zusätzlich zu normalen Netzteilen unterbrechungsfreie Stromversorgungen, kurz USV genannt, eingesetzt. Dabei handelt es sich um einen Energiespeicher, der über die normale Steckdose an das Stromnetz angeschlossen ist, kurzzeitig jedoch auch Spannungsschwankungen oder -einbrüche wie einen Stromausfall kompensieren kann. In Deutschland sind USVs für den Hobbygebrauch meistens nicht notwendig. Im Durchschnitt haben wir in Deutschland lediglich 15 Minuten pro Jahr keine Stromversorgung, Tendenz seit Jahren sinkend.

Der Raspberry ist durch seine kompakte Bauweise und aufgrund seines geringen Gewichts perfekt für autarke Anwendungen geeignet. Durch die kabellose Datenübertragung kann er auch an Orten eingesetzt werden, an denen keinerlei Infrastruktur wie Internetanschlüsse vorhanden ist. Ganz konkret kann ein Raspberry beispielsweise als Bewässerungssteuerung mit Datenspeicherung auf einem Acker oder innerhalb einer Gewächshaussteuerung eingesetzt werden.

Auch für mobile Anwendungen ist die Abhängigkeit vom Stromnetz hinderlich. Deshalb kann es für diese Art von Anwendungen sinnvoll sein, sich einen mobilen Energiespeicher, beispielsweise eine Powerbank oder eine Solarzelle mit Speicher, zuzulegen. Der Speicher oder die Powerbank wird ähnlich wie bei modernen Smartphones über ein USB-A zu USB-C Kabel an den Raspberry Pi angeschlossen.

Dabei ist wiederum darauf zu achten, wie viel Leistung die Powerbank liefern kann, und dass die Laufzeit des Pis von der Kapazität der Powerbank abhängig ist. Im späteren Verlauf des Ratgebers werden wir eine mobile Anwendung mit Powerbank auslegen und realisieren.

Neben der Stromversorgung über die USB-C-Buchse kann der Raspberry auch über den Ethernet-Anschluss versorgt werden. Die Technologie PoE (Power over Ethernet) ermöglicht es, neben reinen Daten auch Leistung über die Ethernet-Buchse zu übertragen. Dadurch kann der Raspberry Pi 4, wie der Raspberry Pi 3 bereits auch, direkt über das Netzwerkkabel mit Strom versorgt werden. Voraussetzung dafür ist, dass das angeschlossene Gerät ebenfalls PoE unterstützt.

Neben den gängigsten Anschlüssen wie HDMI-, Audio- oder USB-Buchsen sind zwei Flachkabelverbinder aufgebracht, an denen das offizielle Raspberry Pi Touch-Display bzw. eine Raspberry Pi Kamera angeschlossen werden können.

Als letztes Element befindet sich auf dem Einplatinencomputer eine zweireihige Stiftleiste.

Der Raspberry ist perfekt für Projekte ausgelegt, bei denen man beispielsweise Sensoren oder Aktoren direkt an die Platine anschließen kann. Deshalb besitzt der Raspberry seit der ersten Generation sogenannte GPIOs.

GPIOs steht für General Purpose Input Output Pins. An diese Pins werden externe input/output Umgebungsgeräte angeschlossen.

Beim Raspberry Pi 4 sind insgesamt 40 dieser GPIO-Pins verbaut. Einige von ihnen sind konstant auf 5 V, 3,3 V oder 0 V (Ground) gelegt. Andere sind für die Datenkommunikation und -übertragung über verschiedene Bussysteme wie $I^2C$ oder SPI vorgesehen. Unabhängig davon können alle Pins, die als GPIO-Pins bezeichnet werden, direkt über die Software angesprochen und ausgelesen werden. Dazu später mehr, wenn wir einzelne Projekte umsetzen.

Beim Raspberry liegt der **logische Spannungspegel** der GPIO-Pins bei 3,3 V und 0 V.

Das bedeutet: Wenn an einem der GPIO-Pins eine Spannung von 3,3 V anliegt, wird die Spannung als logische 1 oder als HIGH erkannt. Wenn eine Spannung von 0 V anliegt, wird die Spannung als logische 0 bzw. als LOW interpretiert.

In der Realität wird eine Spannung von 0 V bis circa 0,7 V als LOW und eine Spannung ab circa 2,5 V als HIGH erkannt.

Die Spannungslevel dazwischen können nicht eindeutig zugeordnet werden und müssen daher unter allen Umständen verhindert werden.

Andererseits wird auch bei der Ausgabe einer HIGH-Spannung an einen der GPIO-Pins eine Spannung von 3,3 V ausgegeben bzw. eine Spannung von 0 V, wenn ein LOW ausgegeben wird.

Ein einzelner GPIO-Pin kann maximal 16 mA Strom liefern. Alle GPIOs dürfen dabei 51 mA nicht übersteigen.

Die Raspberry-Foundation empfiehlt lediglich 2–3 mA pro GPIO-Pin zu verwenden. Wenn wir mehr Strom benötigen, müssen wir mit Verstärkerschaltungen arbeiten. Auch das werden wir uns in einem späteren Projekt anschauen.

Als Letztes ist auf der Rückseite des Raspberry Pi 4 ein Micro-SD-Kartenslot verbaut. Dieser kann verwendet werden, um dauerhaft eine Micro-SD-Karte an den Pi anzuschließen.

*Abbildung 23 microSD-Kartenslot auf der Rückseite der Platine*

Vervollständigt wird der Überblick über den Aufbau des Raspberry Pi 4 mit einer Zusammenfassung, die bei Bedarf nachgeschlagen werden kann.

## 3.4. Überblick der Hardware

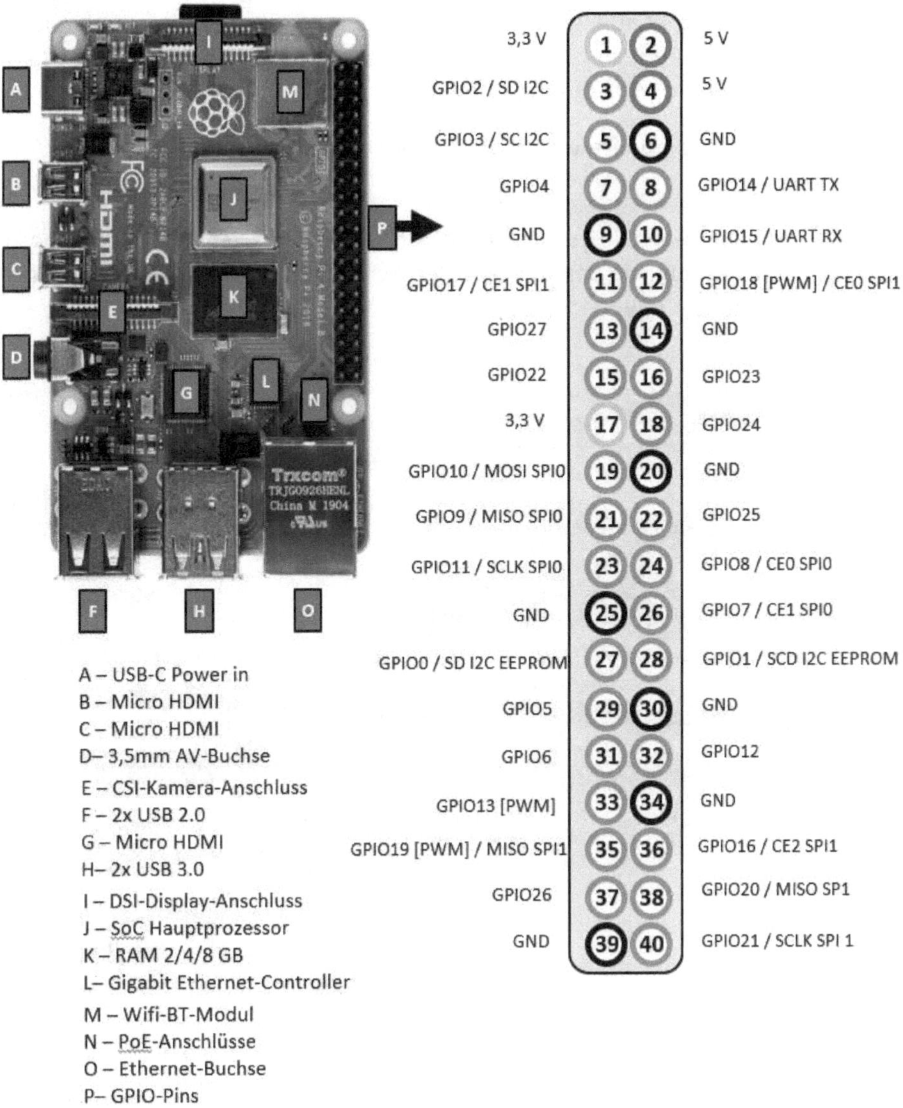


*Abbildung 24 Pinout des Raspberry Pi 4 B*

## 3.5. Alternativen und Klone

Zunächst stellt sich die Frage, für welchen Anwendungsbereich ein Raspberry überhaupt geeignet oder sinnvoll ist. Auch wenn er im Vergleich zu anderen vollwertigen Computern günstig erscheint, bleibt die Frage, ob es für spezielle Anwendungsgebiete bessere Alternativen gibt.

Bei Hobbyprogrammierern sind oftmals andere Entwicklerboards wie ein Arduino im Einsatz.

Dabei handelt es sich um einen Mikrocontroller mit Umgebungsbeschaltung wie Spannungsregler, Schnittstellenkonvertern oder Digital-Analog-Convertern.

*Abbildung 25 Arduino Uno Mikrocontroller*

Die Hardware besteht meist aus einem Mikrocontroller mit Umgebungsschaltung (Peripherie). Der verbaute Mikrocontroller stammt dabei aus der AtmelmegaAVR-Reihe, das ist eine 8-Bit Mikrocontrollerfamilie des Chipherstellers Microship aus den USA. Die AVR-Familie wurde wegen ihrer einfachen Programmierbarkeit in der Ausführung mit Standard DIP-Chipgehäuse gewählt.

*Abbildung 26 Atmel-Chipreihe*

Diese Mikrocontroller haben gegenüber dem Raspberry diverse Nach-, aber auch Vorteile.

Zunächst schauen wir uns an, was überhaupt der fundamentale Unterschied zwischen einem Mikrocontroller, wie die Arduino-Familie, und einem vollwertigem Einplatinencomputer, wie dem Raspberry Pi, ist.

Der Arduino wurde ähnlich wie der Raspberry Pi entworfen, um Einsteigern spielend das Programmieren beizubringen. Arduino Boards gibt es in diversen Ausführungen. Teilweise sind die Platinen lediglich daumengroß. Diese Platinen kosten teils nur wenige Euro und werden daher in kostengünstigen Massenanwendungen mit geringer Leistung und Rechenpower verwendet.

Der Mikrocontroller aus der Familie Arduino bietet eine hervorragende Möglichkeit zur Schnittstelle mit Sensoren und anderen Geräten, die keine Laufzeitüberwachung bieten.

Standardmäßig besitzt der Arduino jedoch deutlich weniger Konnektivität, WLAN, Bluetooth oder andere Schnittstellen sind nicht vorhanden. Diese müssen bei Bedarf über Erweiterungskarten, sogenannte Shields, nachgerüstet werden.

Ein Arduino wird für kleine Projekte verwendet, die nicht viel Rechenleistung benötigen. Er verfügt über diverse Energiespareigenschaften, sodass er vor allem für mobile Anwendungen hervorragend geeignet ist. Ein Beispiel dafür ist das Einlesen von analogen Sensordaten mittels Batteriebetrieb.

Die Arduino-Familie wird über eine eigene Entwicklungsumgebung in der Programmiersprache C programmiert.

Im Gegensatz dazu bietet der Raspberry deutlich mehr Rechenleistung. So besitzt der Raspberry Pi 4 einen SoC mit vier Kernen, die auf 1500 MHz getaktet sind. Das größte Arduino-Modell hingegen besitzt lediglich einen Einkernprozessor mit einer Taktrate von 16 MHz. Diese Mehrleistung des Raspberry macht sich jedoch auch in der Leistungsaufnahme bemerkbar.

Ein Raspberry kann unter Last 6 bis 7 Watt an Leistung benötigen. Ein Arduino verbraucht in der Regel weniger als 1 Watt, im Stromsparmodus teilweise wenige Milliwatt.

Weiterhin besitzt ein Raspberry deutlich mehr Speicherplatz, sowohl für temporäre Dateien als auch für die langfristige Datenspeicherung. Dafür ist auch ein gewöhnlicher microSD-Karten-Slot vorhanden.

Auch in Sachen Konnektivität und Interaktion kann ein Raspberry standardmäßig deutlich mehr bieten. Auf einem Arduino kann aufgrund des geringen Speichers und der geringen Rechenleistung kein Betriebssystem installiert werden. Er bietet dem Benutzer daher keine Interaktionsmöglichkeiten.

Die erwähnten Erweiterungen für den Arduino sind ebenso für den Raspberry vorhanden.

Für einen Anfänger, der sich weniger mit der Elektronik, sondern eher mit der Programmierung auskennt, ist ein Raspberry aufgrund der vorhandenen Anschlüsse wie HDMI und dem Verwenden einer Maus und Tastatur deutlich einfacher. Auch die Programmiersprache Python (bzw. MicroPython) ist mittlerweile deutlich mehr vertreten als die Programmiersprache C, die beim Arduino verwendet wird.

Zusammenfassend kann man sagen, dass ein Raspberry als zentrale Recheneinheit verwendet werden kann, beispielsweise als Hauptknoten in einem Automatisierungssystem, als Server und Datenspeicher oder als Steuereinheit. Ein Arduino hingegen wird häufig für mobile, leistungsschwache Anwendungen wie Sensoren verwendet. Die beiden Systeme stehen jedoch nicht in Konkurrenz zueinander, sondern ergänzen sich hervorragend. Es existieren Schnittstellen, damit mehrere Arduino-Systeme mit dem Raspberry Pi kommunizieren können, oder es wurden Adapter entwickelt, sodass man einen Arduino als Erweiterung auf einen Raspberry aufsetzen kann.

| Vergleich Arduino – Raspberry | | |
|---|---|---|
| | **Arduino** | **Raspberry** |
| **Aufbau** | Mikrokontroller | Einplatinencomputer |
| **Leistung** | Gering | Hoch |
| **Speicher** | Gering | Hoch |
| **Programmiersprache** | C/++ | Micro Python / C /C++, weitere |
| **Stromaufnahme** | Gering | Relativ hoch |
| **Preis** | Gering bis mittel | Inkl. Netzteil mittel bis hoch |
| **Erweiterungen** | Vorhanden (Shields) | Vorhanden (Hats) |

Wir haben bisher immer den Begriff Raspberry Pi verwendet, wenn es um den Einsatz eines Einplatinencomputers gegangen ist, jedoch haben auch andere schnell das Potenzial und den Nutzen eines solchen Systems erkannt.

Wie bei jedem Projekt, das in kurzer Zeit viel Popularität gewinnt, lassen Nachahmer oder günstigere Alternativen nicht lange auf sich warten. Solange dabei keine Markenrechte verletzt werden und die Konkurrenten den Kunden nicht täuschen, ist daran zunächst auch nichts verwerflich. Konkurrenz belebt das Geschäft und fördert Innovation.

So entstanden im Laufe der Zeit „Alternativen" zum Raspberry Pi, beispielsweise 2014 der Banana Pi, der bereits in der ersten Generation mit zwei CPU-Kernen ausgestattet war, anstatt nur mit einem wie der damalige Konkurrent Raspberry.

2016 kam dann der Orange Pi auf den Markt, der das vollständige Android Betriebssystem ausführen kann.

Daher haben diese Einplatinencomputer ebenfalls ihre Daseinsberechtigung. Beispielsweise sind viele dieser Klone leistungsfähiger oder günstiger als der Raspberry Pi.

Auch wenn durch die Namensgebung ein klarer Bezug zum Flaggschiff der Branche hergestellt wird, helfen diese Konkurrenzprodukte unzähligen Einsteigern und Enthusiasten in die Welt der Einplatinencomputer einzusteigen.

Dennoch ist der Raspberry Pi nicht nur durch seine Marke mit Abstand der beliebteste Einplatinencomputer auf dem Markt. Die Raspberry Foundation arbeitet eng mit ihrer Zielgruppe zusammen und nimmt deren Anregungen und Wünsche immer wieder in neue Projekte auf. Außerdem ist der Netzwerkeffekt nicht zu vernachlässigen. Vor allem bei Einsteigern wird zu Beginn nicht jedes Projekt rund laufen. Oftmals ist man auf Hilfe angewiesen und die Community rund um den Raspberry Pi ist ein großes Alleinstellungsmerkmal. Für nahezu jedes Problem auf dem Raspberry Pi gibt es Blockbeiträge, Youtube-Videos oder jemanden in einer der unzähligen Raspberry PI-Facebookgruppen, der das gleiche Problem bereits gehabt hat. Bei den Nachahmern und Konkurrenzprodukten ist das oftmals nicht der Fall. Und wahrscheinlich hast du auch nach einem Raspberry Pi Buch und nicht nach einem Orange Pi oder einem Banana Pi Buch gesucht, stimmts?

Deshalb wird in diesem Ratgeber ausschließlich auf den Raspberry Pi eingegangen und die Alternativen außerhalb dieses kurzen Abschnittes nicht näher behandelt.

## 3.6. Zubehör

Der Raspberry Pi hat schnell an Beliebtheit gewonnen. Auch viele Unternehmen haben den großen Markt gesehen und sich auf Erweiterungen und passende Bauteile für die Plattform konzentriert. Jedoch hat auch die Raspberry Pi Foundation selbst Erweiterungshardware entwickelt.

Das Raspberry Pi 15.3W USB-C Power Supply haben wir bereits bei der Stromversorgung kennengelernt. Die Foundation bietet weiterhin Gehäuse, Micro-HDMI auf HDMI Kabel, eine Tastatur, ein Display oder Kamera oder auch Kühlsets für den Raspberry an. In diesem Ratgeber schauen wir uns einmal die sinnvollsten Erweiterungen an.

Wenn man nicht gerade sehr technikaffin ist, nimmt man den „nackten" Raspberry Pi optisch nicht als sonderlich ansprechend wahr, vor allem, wenn der Raspberry an einem sichtbaren Ort platziert wird, beispielsweise als Multimedia-Station im Wohnzimmer.

Ein Gehäuse kann Abhilfe schaffen. Außerdem dient es dem Berührungsschutz und auch dem Schutz vor Schmutz und Staub.

Diese Gehäuse sind für einen einstelligen Eurobetrag verfügbar und daher sehr zu empfehlen.

Außerdem wird von der Raspberry Pi Foundation empfohlen, den Raspberry ausschließlich mit Kühlung zu betreiben. Die Kühlung bezieht sich dabei auf den SoC, also den Hauptprozessor, jedoch sollten bei starker Belastung auch andere Komponenten wie der Bluetooth/WLAN-Chip oder der Arbeitsspeicher gekühlt werden.

Unter Last wird der SoC des Raspberry PI 4 bis zu 80 - 100 °C heiß. Wenn man neu in der Materie ist, hört sich das zunächst sehr warm an, jedoch kann Computerhardware wie Arbeitsspeicher, CPUs oder GPU oftmals bis circa 100 °C betrieben werden. Erst darüber hinaus besteht eine reelle Gefahr von irreparablen Schäden. Aber warum sollte man das Pi dann kühlen, wenn er nicht überhitzt und im normalen Temperaturbereich arbeitet?

Das liegt daran, dass der SoC des Raspberry Pis eine integrierte Sicherheitsschaltung besitzt, die automatisch die interne Taktrate und damit auch die Leistungsaufnahme herunterregelt, um den Chip vorzeitig vor Überhitzung zu schützen. Dieser Schutzmechanismus ist in nahezu jeder Computerkomponente integriert, beispielsweise in einem Prozessor, einer Grafikkarte oder einem Arbeitsspeicher.

Wenn der Takt kontrolliert heruntergeregelt wird, nimmt jedoch auch die Leistung ab. Man spricht dabei von dynamischer Frequenzskalierung (Dynamic frequency scaling) bzw., wenn der Chip in die Temperaturbegrenzung läuft, von temperaturbedingter Leistungsdrosselung (thermal throttling). Um den Raspberry sowie jede andere elektronische Komponente im vollen Leistungsbereich betreiben zu können, ist eine Kühlung essenziell.

Ein weiterer Aspekt, warum Elektronik dennoch so kühl wie möglich gehalten werden sollte, ist, dass der Verschleiß und die Ausfallwahrscheinlichkeit der Hardware von der Temperatur abhängig sind. Betreiben wir den Raspberry Pi dauerhaft bei 80 °C wird er höchstwahrscheinlich nicht direkt ausfallen, vielleicht auch nicht nach 2 bis 3 Jahren, aber die Wahrscheinlichkeit für ein früheres Ableben der Bauteile ist deutlich erhöht. Eine Studie zur Hitzebeständigkeit von Computerprozessoren und SD-Karten ergab, dass sich die Lebensdauer der elektrischen Bauteile pro zusätzlichen 10 °C halbiert. Das bedeutet, eine Speicherkarte, die bei 70 °C statt bei 60 °C betrieben wird, wird im Durchschnitt nur halb so lang leben.

Betreiben wir die Speicherkarte noch wärmer, beispielsweise bei 80 °C, halbiert sich die Lebenszeit wiederum um den Faktor zwei gegenüber dem Betrieb bei 70 °C und dem Faktor vier gegenüber dem Betrieb bei 60 °C. Diese Abschätzung ist nur eine Faustformel, jedoch zeigt sie auch die langfristigen Folgen einer fehlenden Kühlung, weshalb eine Kühlung des Raspberry Pi sehr zu empfehlen ist.

Zur Kühlung können wir beispielsweise einen Miniaturlüfter verwenden. Dieser bläst frische, kalte Luft auf die Komponenten und kühlt sie damit aktiv. Man spricht deshalb auch von einer aktiven Kühlung.

Außerdem können wir Kühlkörper auf die zu kühlenden Chips setzen. Der Sinn dahinter ist, dass man die Fläche erhöht, an der die Wärme vom Chip an die Luft abtransportiert werden kann. Da ein aufgesetzter Kühlkörper lediglich die Fläche erhöhen, aber keinen zusätzlichen Luftstrom erzeugen kann, spricht man auch von einer passiven Kühlung.

Solche Kühlungssets gibt es bereits an den Raspberry Pi 4 angepasst für wenige Euro. Oftmals werden passive Kühlelemente in Form von Kühlkörpern aufgesetzt und diese anschließend durch einen Miniaturlüfter aktiv gekühlt.

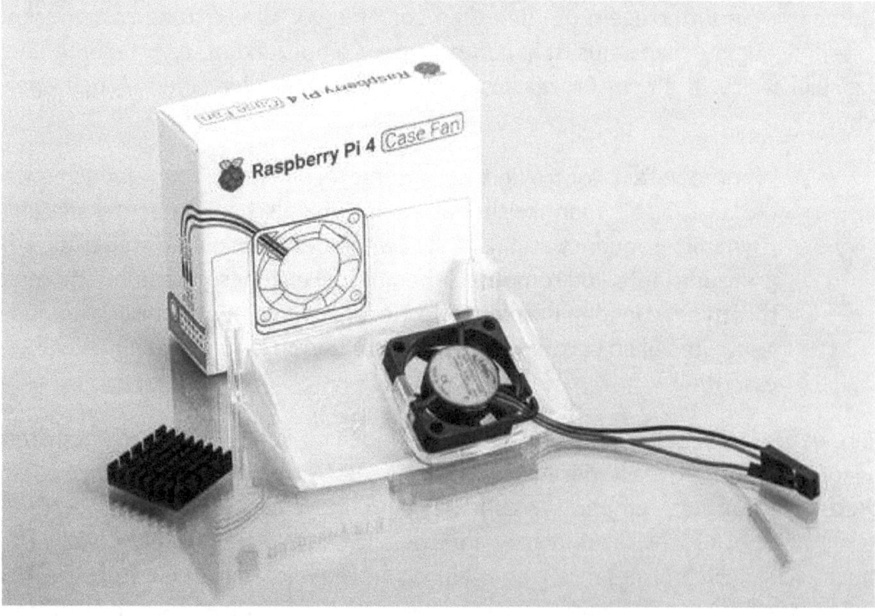


*Abbildung 27 original Raspberry Pi Kühlungsset inklusive aktivem PWM-Lüfter*

Durch eine Aktiv-Passiv-Kühlkombination können die Temperaturen unter Last um bis zu 20 - 40 °C reduziert werden. Wenn wir an unsere Faustformel zurückdenken, dass die Lebenszeit des Pis pro 10 °C verdoppelt wird, heißt das, dass wir die Lebenszeit unseres Raspberrys verdoppelt bis versechzehnfacht haben bzw. die Ausfallwahrscheinlichkeit um den Faktor 4 bis 16 reduzieren.

Aktive Lüfter haben jedoch oftmals den Nachteil, dass sie sehr hochfrequent sind, was im normalen Dauerbetrieb schnell unangenehm sein kann.

Der Raspberry verfügt deshalb über eine automatische Lüftersteuerung. Der Lüfter bleibt ausgeschaltet, wenn der Pi keine großen Rechenleistungen vollbringen muss und der SoC im kühlen Bereich bleibt. Sobald der Pi eine kritische Temperatur übersteigt, wird der Lüfter eingeschaltet.

Um diese Lüftersteuerung zu aktivieren, wird ein 5 V Lüfter mit einem sogenannten *PWM-Anschluss* benötigt, wie beispielsweise der originale Lüfter der Raspberry Pi Foundation.

### *Exkurs PWM:*

Wenn du aufgepasst hast, ist dir vielleicht aufgefallen, dass die Lüftergeschwindigkeit steuerbar ist. Wenn wir den Lüfter mit 50 % der Maximaldrehzahl betreiben wollen, müssen wir statt 5 V lediglich 2,5 V an den Lüfter anlegen.

Wie ist das jedoch möglich, dass ein digitaler Pin, der nur 0 V oder 5 V schalten kann, plötzlich auch Zwischenwerte wie 1 V, 3 V oder 4,36 V ausgibt? Schließlich haben wir bereits gesehen, dass der Raspberry Pi über keinen Digital-zu-Analogkonverter verfügt?

Die Lösung wurde bereits angedeutet und heißt *Pulse Width Modulation*, kurz **PWM.** Die deutsche Übersetzung ist nicht einheitlich. Pulsdauermodulation, Pulslängenmodulation, Pulsweitenmodulation oder auch Pulsbreitenmodulation wird verwendet, alle Begriffe meinen jedoch dieselbe Technik.

Die Pulsmodulation beschreibt die Simulation einer bestimmen Spannung (unter 5 V oder beim Raspberry 3,3 V) durch schnelles Schalten einer höheren Spannung (5 V zw. 3,3 V) gefolgt von spannungslosen Pausen. Dabei schaltet der Raspberryden digitalen Ausgang bis zu 1000-mal pro Sekunde an und wieder aus. Je höher die ausgegebene Spannung sein soll, desto länger ist dabei die Anschaltzeit, in der die 5 V anliegen.

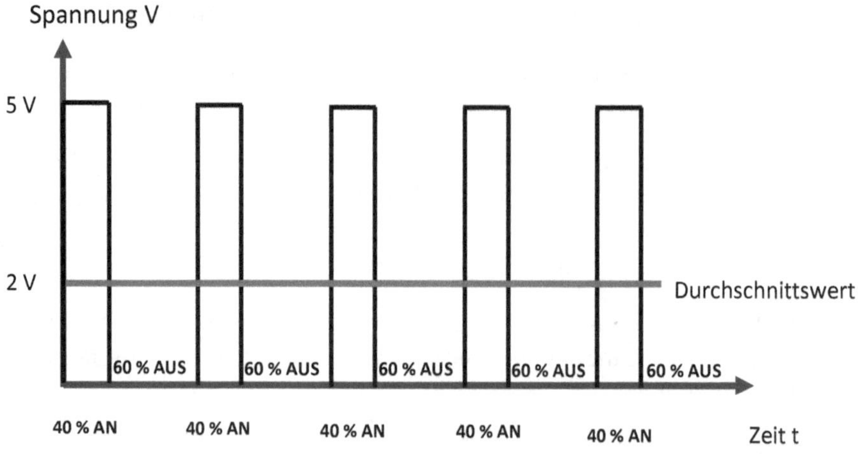


*Abbildung 28 PWM-Signal*

Diese Modulation wird z. B. bei der Dimmung einer LED verwendet.

Soll beispielsweise eine LED bei 2 V betrieben werden, liegt lediglich zu 40 % der Zeit 5 V an. $(\frac{2V}{5V} \cdot 100\%)$ Die anderen 60 % der Zeit liegen 0 V an. Im Mittel ergeben sich dadurch 2 V. Da das Ein- und Ausschalten der LED 1000-mal pro Sekunde geschieht, nimmt unser Auge kein Flackern wahr, sondern eine niedrigere Helligkeit. Dasselbe Prinzip funktioniert beispielsweise auch in der Geschwindigkeitssteuerung eines Gleichstrommotors, wie der, der in unserem Lüfter verbaut ist.

Dafür schließen wir das rote Kabel des Lüfters an 5 V und das schwarze Kabel an GND an. Der Steuereingang (meistens blaues, grünes, oder gelbes Kabel) wird an einen GPIO-Pin angeschlossen. Anschließend können wir auf das Raspberry Symbol in der Taskleiste klicken und unter Einstellungen und Performance / Leistung den Punkt Lüfter finden. Dort aktivieren wir die automatische Lüftersteuerung. Anschließend müssen wir angeben, an welchem GPIO-Pin der Steuereingang des Raspberry angesteckt ist. Standardmäßig ist es der GPIO-Pin 14.

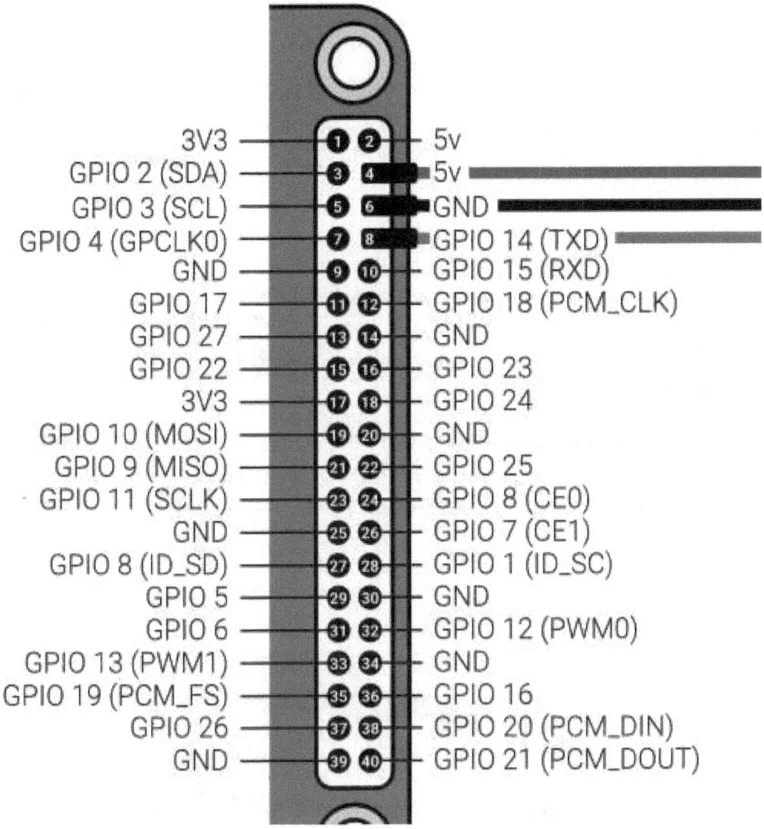


*Abbildung 29 Anschluss des PWM-Lüfters an die GPIOs*

Als Letztes geben wir die Temperatur an, ab welcher der Lüfter anspringt. 80 °C sind standardmäßig eingestellt. Wenn wir den Pi etwas früher kühlen möchten, können wir die Temperatur auf 60 - 70 °C reduzieren. Denn ab 80 °C wird bereits die Leistung reduziert, um den SoC zu schützen.

## 3.7. Weitere Hardware

Mittlerweile gibt es unzählige weitere Bauteile, sowohl von der offiziellen Raspberry PI Foundation als auch von diversen Drittanbietern. Für jedes Projekt gibt es die passenden Motoren, Sensoren, Displays oder ähnliches. Im Folgenden werden die Bausteine vorgestellt, die beinahe in jedem Projekt verwendet werden und deshalb auch für Einsteiger sehr zu empfehlen sind. Dabei beginnen wir mit Erweiterungsplatinen, sogenannten Hats.

## 3.8. Hats

Hats sind Erweiterungsplatinen für den Raspberry, die für einen speziellen Anwendungsfall konzipiert wurden. Beispielsweise gibt es ein TV-Hat-Modul, sodass der Raspberry zusätzlich TV-Kanäle empfangen kann. Weitere Hats sind beispielsweise ein Touch-Display-Hat, damit man keinen externen Monitor anschließen muss, oder ein NFC-Hat, damit man NFC-Chips, beispielsweise von einem modernen Smartphone, auslesen kann.

Die Hats sind dabei so konzipiert, dass man sie direkt auf den Raspberry aufstecken kann. Dabei wird eine passende Stiftleiste auf die GPIO-Pins des Raspberry gesteckt.

Einige Hats werden direkt von der Raspberry Pi Foundation angeboten, beispielsweise das TV-Hat oder ein PoE-Hat. Das PoE-Hat ermöglicht es, den Pi mithilfe des Netzwerkkabels mit Strom zu versorgen (siehe dazu auch Stromversorgung des Raspberry Pi).

*Abbildung 30 TV-Hat auf einem Raspberry 3 B*

*Abbildung 31PoE HAT auf einem Raspberry Pi 4 B*

Hats sind durch ihre Kompaktheit praktisch für jedes Projekt. Außerdem erspart man sich die manuelle Verkabelung.

## 3.9. Sensoren und Aktoren

Im Kapitel 2.8 Digitaltechnik haben wir bereits gelernt, dass Sensoren aus einer physikalischen Größe ein elektrisches, meist analoges Signal erzeugen.

Alternativ sind auch Sensoren mit integrierter Auswerteelektronik vorhanden, die die physikalische Größe messen und die Messergebnisse über eine Schnittstelle an den Raspberry PI übermitteln können. Die Schnittstelle kann aus einem (oder mehreren) Datenkabeln bestehen. Alle verfügbaren Sensoren haben sowohl Vor- als auch Nachteile. Je nach Sensortyp muss man den Sensor unterschiedlich abfragen, um die Daten zu erhalten. Da Sensoren ein großer Bestandteil bei verschiedenen Raspberry-Pi-Projekten sind, werden wir später an konkreten Projekten erarbeiten, wie man die verschiedenen Sensoren ansteuert und ausliest. Meistens gibt es dafür bereits vorgefertigte Bibliotheken.

Der Begriff Aktor hingegen ist weniger verbreitet als Sensor.

Aktoren sind dabei das Gegenstück zu Sensoren. Sie setzen ein elektrisches Signal als Veränderung einer physikalischen Größe um. Beispielsweise setzt ein Elektromotor das Ausgangssignal in mechanische Bewegung um, oder ein Heizelement setzt das Ausgangssignal in Wärme um.

Auch hier werden wir uns noch einige Aktoren und deren Verwendung genauer anschauen.

## 3.10. Breadboard und (Jumper-) Kabel

Um eine Schaltung schnell aufbauen zu können, benötigen wir ein sogenanntes Breadboard bzw. zu Deutsch: Steckbrett.

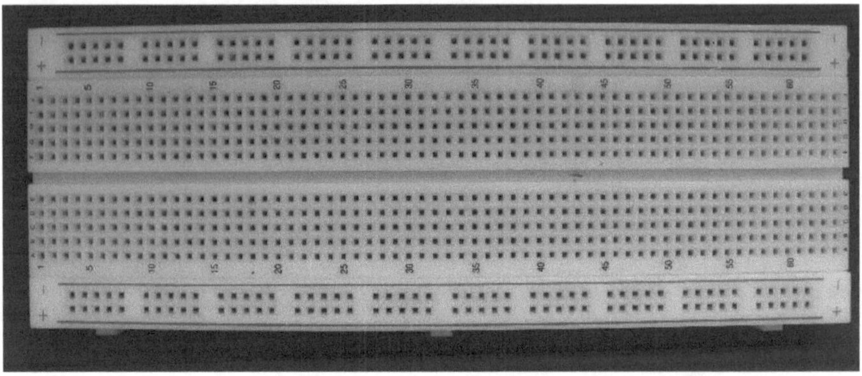

*Abbildung 32 Steckbrett*

Ein Breadboard besteht aus vielen Reihen und Spalten, wobei jeweils die inneren Reihen miteinander verbunden sind und außen die Spannungsversorgung angelegt ist. Die folgende Abbildung zeigt, welche Kontakte des Breadboards untereinander verbunden sind.

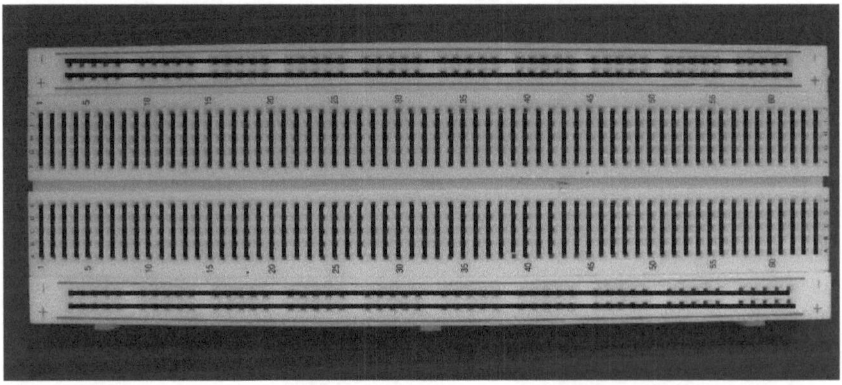

*Abbildung 33 Steckbrett mit eingezeichneten Verbindungen*

Steckbretter gibt es in vielen Größen und Ausführungen. Die Verbindungen sind dabei fast immer identisch. Bei jedem Raspberry-Pi-Anfängerset ist solch ein Breadboard dabei, meistens in Verbindung mit Jumper-Kabeln.

Anstatt Kabel zusammenzulöten, verwenden wir Jumperkabel und Steckverbinder. Jumperkabel haben an ihrem Ende einen Stift oder eine Buchse, der in die Buchsen des Raspberry Pi und des Steckboards passt.

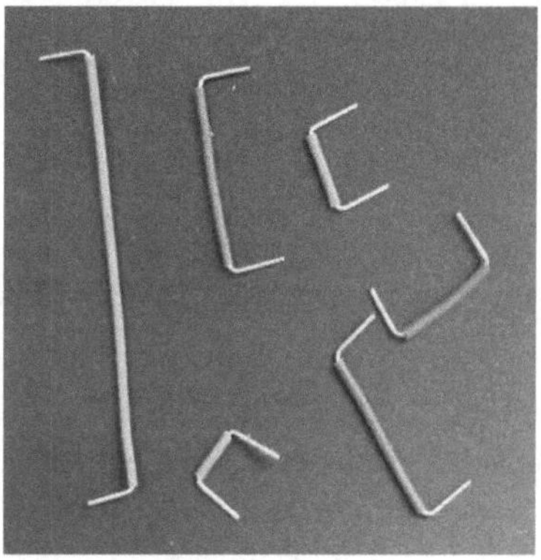

*Abbildung 34 Jumper-Kabel links, Steckverbinder rechts*

Steckverbinder sind hingegen einzig dafür konzipiert, Verbindungen auf dem Breadboard herzustellen.

Durch den einfachen Steckmechanismus kann man schnell Schaltungen aufbauen. Dabei ist natürlich stets darauf zu achten, welche Reihen verbunden sind! Für Einsteiger im Bereich Raspberry Pi empfehlen sich sogenannte Starter-Kits. Diese werden von verschiedenen Herstellern in verschiedenen Größen angeboten. Je nach Umfang enthalten sie LEDs, Sensoren, Motoren, Displays und viele weitere Bausteine. Ein Breadboard und Kabel gehören dabei zur Grundausstattung.

Jetzt haben wir einen groben Überblick über den Aufbau des Raspberry Pi und sein notwendiges Zubehör. Als Nächstes schauen wir uns die Software an, die für die Einrichtung benötigt wird, außerdem wiederholen wir die Grundlagen der Python-Programmierung.

# 4. Softwareinstallation und Programmierung

Der Raspberry Pi ist ein vollwertiger Computer, deshalb muss ein Betriebssystem installiert werden. Windows als Betriebssystem kennt beinahe jeder, aber was ist ein Betriebssystem überhaupt, warum benötigt der Computer ein solches und können wir normales Windows auf dem Raspberry installieren oder welche Alternativen gibt es?

## 4.1. Crashkurs Betriebssysteme

Ein Betriebssystem wird auch als OS (operating system) bezeichnet. Prinzipiell kann man festhalten, dass ein OS lediglich eine Zusammenstellung von Computerprogrammen ist, die die Aufgabe haben, die Systemressourcen eines Computers (CPU, Arbeitsspeicher, Festplatten, GPUs, Ein- und Ausgabegeräte) zu verwalten. Beispielsweise lädt das Betriebssystem die Gerätetreiber der Hardware. Das Betriebssystem greift demnach direkt auf die Hardware des Computers zu und bildet die Brücke zwischen den Hardware-Komponenten und den verschiedenen Programmen des Bedieners. Die Programme, wie wir sie kennen, setzen auf dem Betriebssystem auf.

Theoretisch bräuchte man nicht zwingend ein Betriebssystem. Man kann auch direkt auf der Hardware in der „Maschinensprache" programmieren.

Bei einfachen Anwendungen oder Anwendungen, die einzig genau einen Einsatzbereich haben, wird das auch so praktiziert.

Jedoch ist das nur mit tiefgründigen Programmierkenntnissen möglich. Deshalb ist eine einfache, grafische Darstellung deutlich benutzerfreundlicher, und ohne Betriebssysteme hätten sich Computer niemals großflächig durchsetzen können. Nicht ohne Grund ist Microsoft bis heute einer der größten Tech-Konzerne unserer Zeit.

Nachdem wir wissen, was ein Betriebssystem ist, schauen wir uns an, welche verschiedenen Betriebssysteme es derzeit auf dem Markt gibt. Es sind deutlich mehr, als man kennt oder vermuten mag. Beginnen wir zunächst mit Betriebssystemen, die man nicht direkt als solche im Kopf hat. Die Rede ist von Betriebssystemen für mobile Anwendungen wie Android, iOS für iPhones, aber auch beispielsweise ChromoOS für Googles Chromebook-Serie. All diese Betriebssysteme sind für ihre Einsatzgebiete und die vorhandene Hardware optimiert. So kann man auch auf einem normalen Computer ein Handy samt Android-Betriebssystem simulieren. Es läuft in der Regel jedoch nicht so flüssig wie auf einem modernen Smartphone, obwohl der Stand-PC deutlich mehr Hardware-Power besitzt.

Als Nächstes schauen wir uns Betriebssysteme für Desktop-PCs an. Diese sind den meisten eher geläufig und werden als Betriebssystem wahrgenommen.

Das bekannteste unter den Betriebssystemen wurde direkt angesprochen. Das Windows-Betriebssystem von Microsoft kennt wohl jeder. Im Jahr 2021 verwenden rund 73 % aller Stand-PC die aktuelle Windows-Version. Ein weiteres Betriebssystem, das ebenfalls von einem riesigen Tech-Konzern entwickelt wurde, ist maxOS von Apple. Das Apple-eigene Betriebssystem ist ebenso wie iOS ausschließlich Apple-Geräten vorbehalten, wenngleich Apple zum größten Teil nur Standardkomponenten in ihren Rechnern verbaut.

All diese Betriebssysteme haben Vorteile, jedoch auch Nachteile. Beispielsweise ist der Programmcode der Betriebssysteme nicht öffentlich zugänglich. Auf der einen Seite ist das logisch, sonst könnte man das Betriebssystem einfach kopieren, und auch für Hacker wäre es viel einfacher, eventuelle Schwachstellen oder Hintertüren zu finden. Auf der anderen Seite ist es deshalb schwierig, Erweiterungen einzubinden, beispielsweise das Auslesen von Sensoren oder ähnlichem. Außerdem ist das Retourenmanagement, beispielsweise von Windows, nicht optimal.

Natürlich ist der Source-Code von Windows mittlerweile gigantisch und kann von einzelnen Personen nicht mehr überblickt werden.

Ein großer Teil des Codes ist jedoch nicht essenziell, sondern schlicht überflüssig. Aufgrund der Komplexität und des Umfangs des Codes können jedoch nicht einmal die heute verantwortlichen Programmierer selbst sagen, ob man Teile des Codes entfernen kann, ohne dass es an anderer Stelle Auswirkungen hat. Nach dem Motto „never change a running system“ ist Windows dadurch mit knapp 60 GB an benötigtem Speicher deutlich größer als es sein müsste.

Theoretisch ist es möglich, Windows auf dem Raspberry zu installieren, jedoch verschenkt man viele Funktionen und für die meisten Anwendungen ist das Pi nicht mehr sinnvoll verwendbar.

Außerdem verlangte Windows lange eine Lizenz zur Benutzung der eigenen Software. Apple hingegen geht noch einen Schritt weiter und verbietet das Aufspielen des Betriebssystems auf andere Geräte vollständig.

Deswegen entschlossen sich der Finne Linus Torvald im Jahr 1991, sein eigenes Betriebssystem zu programmieren und es für jedermann öffentlich zugänglich zu machen. Schnell schlossen sich mehrere Programmierer an und bis heute ist das Betriebssystem mit dem Namen Linux unter Programmierern in der ganzen Welt bekannt.

Heutzutage gibt es auch von Linux verschiedene Versionen, die sich auf bestimmte Anwendungsgebiete spezialisiert haben. Einige versuchen besonders effizient, Aufgaben zu berechnen, andere stellen die benutzerfreundliche Darstellung oder das Nachahmen von Windows in den Vordergrund.

Das Betriebssystem, das auf Smartphones verwendet wird, ist das Android OS bzw. diverse Abwandlungen. Diese basieren im Kern auf Linux.

Auch auf dem Raspberry Pi können verschiedene Linux-Versionen installiert werden. Eine Linux-Abwandlung ist das speziell dafür entwickelte Raspbian. Raspbian beruht auf der Linux-Variante Debian 9.

Diese Linux-Variante ist für die Hardware des Raspberry Pi optimiert und daher die häufigste Wahl für den Raspberry. Lange Zeit hat man für die Installation verschiedene Drittprogramme benötigt. Damit es auch Einsteigern gelingt, ohne Hürden bei der Installation mit dem Raspberry Pi zu starten, hat die Raspberry Pi Foundation einen Installationsassistenten ins Leben gerufen, der den Namen Raspberry Pi Imager (früher NOOBS) trägt. Mit diesem Installationsassistenten gelingt eine einfache und schnelle Installation des Raspbian-Betriebssystems.

## 4.2. Installation von Raspbian

Heruntergeladen werden kann sowohl der Raspberry Pi Imager als auch die aktuelle Raspbian Version direkt von der Homepage der Raspberry Pi Foundation unter:

*https://www.raspberrypi.org/software/*

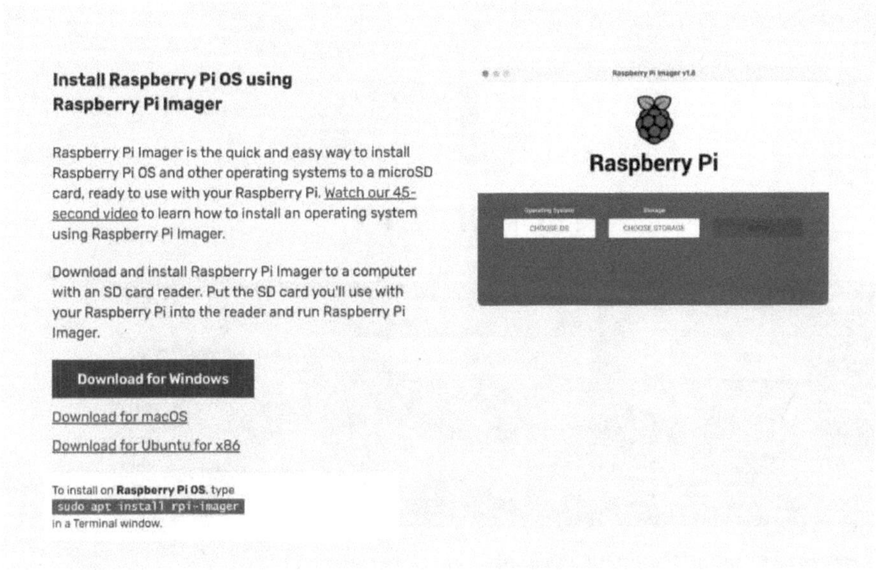


*Abbildung 35 Installation des Raspberry Pi Imagers*

Anschließend benötigen wir eine microSD-Karte, auf die das Betriebssystem, sprich Raspbian, installiert wird. Da die SD-Karte die „Festplatte" des Raspberry Pi sein wird, empfiehlt sich eine Markenfestplatte, die für eine hohe Anzahl an Schreibvorgängen geeignet ist. Die Größe der microSD-Karte muss dabei mindestens bei 8 GB liegen. 8 GB sind zwar ausreichend für das Betriebssystem, jedoch empfiehlt es sich, eine größere SD-Karte zu verwenden, damit noch weitere Daten und Programme installiert werden können. Für Projekte, die keine Unmengen an Daten erzeugen, reichen 32 oder 64 GB Speicher vollkommen aus.

Die microSD-Karte kann mithilfe eines microSD-zu-USB-Adapters an einen gewöhnlichen Rechner angeschlossen werden. Laptops hingegen haben oftmals einen integrierten SD-Kartenleser.

Nachdem wir den Pi Imager heruntergeladen haben, starten wir das Programm.

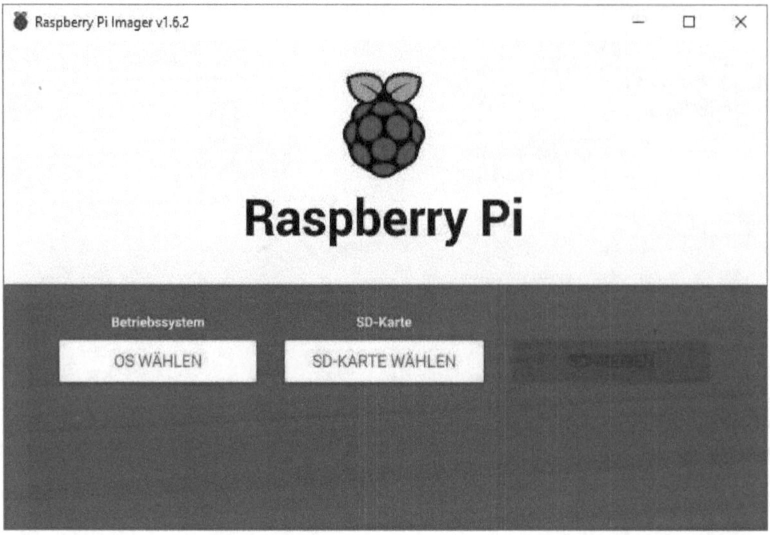


*Abbildung 36 Raspberry Pi Imager – Installationsassistent*

Mithilfe des Raspberry Pi Imagers wird das Betriebssystem ausgewählt und auf die SD-Karte geschrieben. Dazu wählen wir als OS das vollständige Raspberry Pi OS (32-Bit) und als SD-Karte unsere SD-Karte, die im PC steckt.

Man muss hierbei darauf achten, ob die richtige SD-Karte ausgewählt wurde oder ob zufälligerweise noch eine andere SD-Karte oder ein USB-Stick im Computer steckt. Die Daten auf dem Datenträger werden dauerhaft überschrieben!

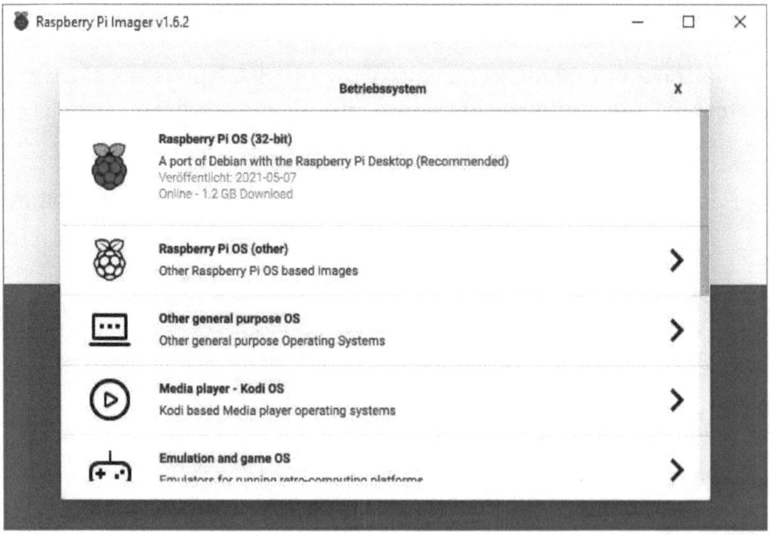


*Abbildung 37 Auswahl des Rasperry Pi OS*

Anschließend klicken wir auf Schreiben. Der Raspberry Pi Imager schreibt das Betriebssystem auf die SD-Karte und verifiziert anschließend, ob alles funktioniert hat.

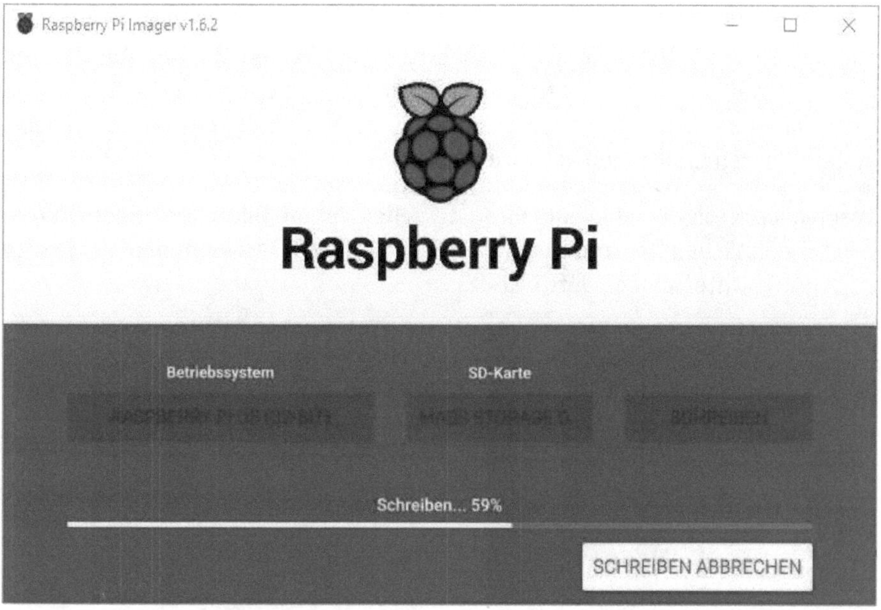


*Abbildung 38 Schreibvorgang auf eine microSD-Karte*

Nachdem wir Raspbian erfolgreich auf die SD-Karte geladen haben, wird die Karte vom PC ausgeworfen und wir sind bereit, unseren Raspberry das erste Mal zum Leben zu erwecken.

Wenn wir den Raspberry das erste Mal aus der Verpackung nehmen, müssen wir darauf achten, nicht auf die Platine zu fassen. Das ist wichtig, denn unser Körper lädt sich, ohne dass wir es bemerken, mit sehr hohen Spannungen auf. Dadurch, dass beispielsweise unsere Kleidung an uns reibt oder unsere Schuhe über den Boden laufen, laden wir uns mit Spannungen von bis zu mehreren Kilovolt auf. Berühren wir den Raspberry an ungeschickten Stellen, kann ihn das beschädigen. Dieses Phänomen kennt jeder, wenn er beispielsweise an der Autotür einen kleinen Blitzschlag gespürt hat. Im Karton des Raspberry ist auch diesbezüglich ein Hinweisschild, das man jedoch erst nach dem Auspacken herausnehmen kann.

Nachdem der Raspberry Pi das erste Mal begutachtet wurde, montieren wir ihn in einem Gehäuse und bringen eventuell vorhandene Kühllösungen an.

Anschließend stecken wir die SD-Karte in den SD-Karten-Slot des Raspberry Pi, schließen sowohl eine Maus, eine Tastatur sowie einen Bildschirm an. Als Letztes stecken wir das Netzteil an. Der Raspberry besitzt keinen Ein- und Ausschalter. Das bedeutet, nachdem das Netzteil angesteckt wurde, startet der Pi automatisch. Beim ersten Starten dauert es eine kurze Zeit, in der der Pi das Betriebssystem für den Erstbetrieb initialisiert.

Wenn alles erfolgreich hochgefahren ist, sehen wir am Bildschirm einen im Aufbau sehr ähnlichen Desktop zu den meisten Windows-Distributionen, der jedoch auch große Unterschiede aufweist.

*Abbildung 39 Startbildschirm Raspbian OS*

Beim erstmaligen Starten von Raspbian erscheint zudem ein Einrichtungsassistent. Dieser führt uns durch die verschiedenen Punkte, beispielsweise die Einstellung der Sprache, das Ändern des Passworts oder optional die Verbindung mit einem drahtlosen Netzwerk (WLAN). Außerdem wird automatisch nach den neusten Updates für das Betriebssystem gesucht.

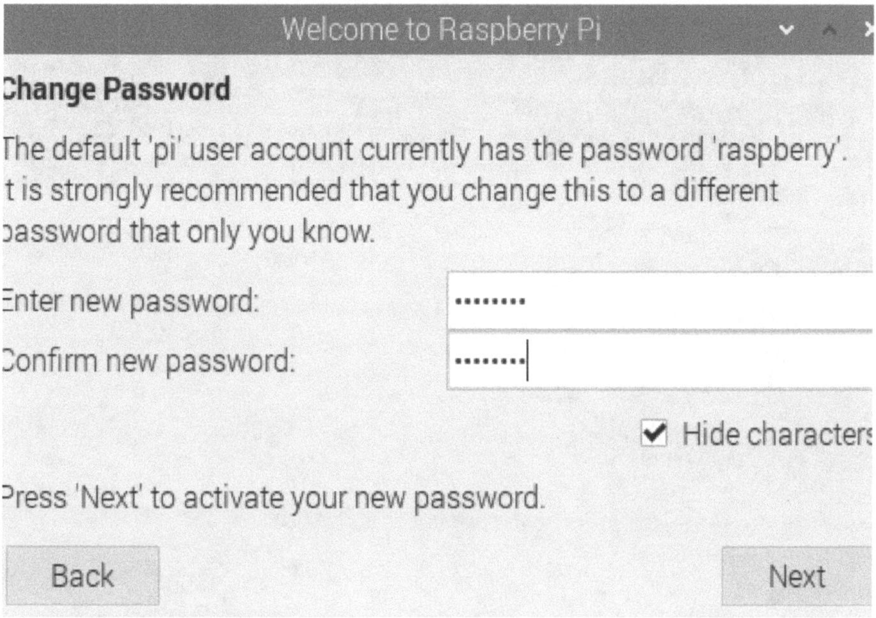


*Abbildung 40 Änderung des Passworts*

Das Passwort muss auf jeden Fall geändert werden. Der Standardbenutzer lautet „pi" mit dem Passwort „Raspberry". Wenn das Passwort nicht geändert wird, entsteht eine große Sicherheitslücke, nicht nur für den Pi selbst, sondern auch für das gesamte Netzwerk und alle Geräte, die sich darin befinden. Das Standard-Passwort muss daher gegen ein neues, individuelles Passwort ausgetauscht werden.

Nachdem der Raspberry mit einem Netzwerk verbunden, das Passwort geändert wurde und alle Updates installiert sind, kann man den Raspberry neu starten. Dazu drückt man auf das Himbeer-Symbol und anschließend auf Shutdown → Reboot.

Nach dem Neustart werden alle neuen Einstellungen, beispielsweise die Spracheinstellungen, übernommen.

Die Taskleiste, die am oberen Bildschirmrand angesiedelt ist, ist ähnlich aufgebaut wie unter Windows. Mit einem Rechtsklick auf die Taskleiste und den Punkt „Taskleiste bearbeiten" können wir die Position der Taskleiste ändern. Der untere Rand dürfte den meisten deutlich gewohnter vorkommen.

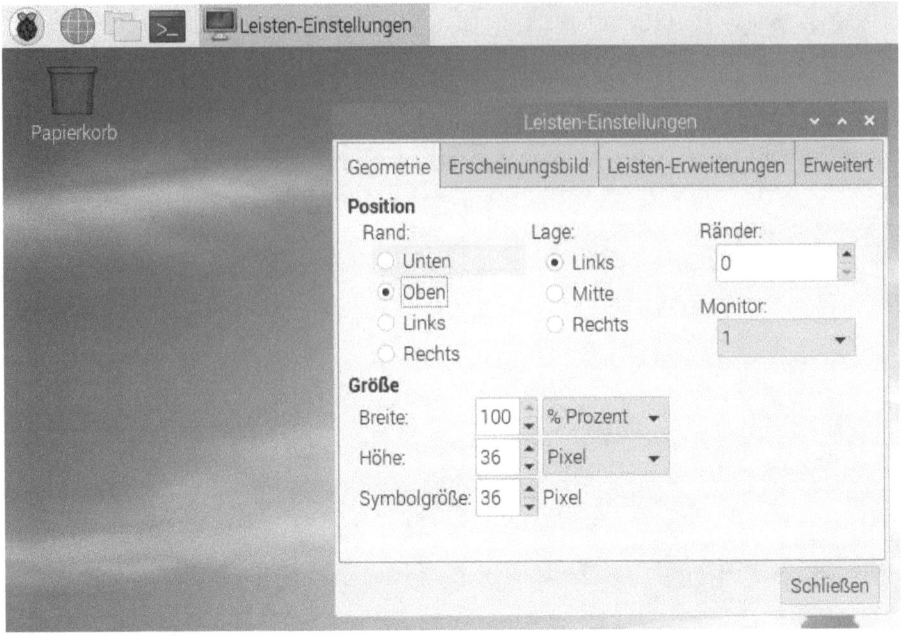


*Abbildung 41 Umstellen der Leistenposition*

## 4.3. Grundlagen Linux

Raspbian ist eine an den Raspberry Pi angepasste Linux-Version. Daher können viele Befehle, die standardmäßig in Linux vorhanden sind, auch bei Raspbian genutzt werden.

Wenn man sich das erste Mal mit Linux auseinandersetzt, werden einige Funktionen etwas gewöhnungsbedürftig sein. Linux ist in Teilen etwas benutzerunfreundlicher, dafür in anderen Bereichen, vor allem im Bereich der Programmierung oder Datenverwaltung, deutlich besser aufgestellt als andere Betriebssysteme.

Eine der wichtigsten Kommunikationsmittel mit dem Betriebssystem ist die Kommandozeile, auch Shell, Terminal oder Konsole genannt. Die Kommandozeile öffnen wir, indem wir das vierte Symbol von links in der Taskleiste aufrufen.

Nachdem die Kommandozeile geöffnet wurde, sehen wir unseren Benutzernamen *pi,* gefolgt von einem @-Zeichen und dem Namen des Computers, standardmäßig *raspberrypi*. Danach folgt das Verzeichnis, in dem wir uns befinden. In unserem Fall lediglich eine Tilde, was das root-Verzeichnis darstellt. Die Tilde ist dabei eine Abkürzung für *home/pi/.*

Das root-Verzeichnis ist vergleichbar mit dem Star-Verzeichnis unter Windows, meistens *C://*

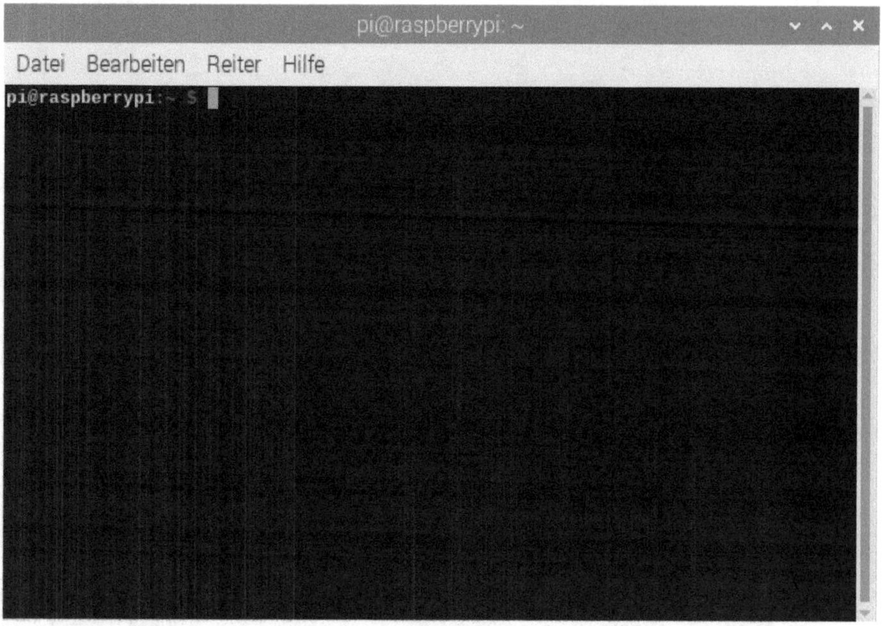


*Abbildung 42 Konsole*

Anschließend können wir verschiedene Befehle eingeben. Linux unterscheidet bei der Eingabe von Befehlen oder bei dem Öffnen und der Bearbeitung von Daten verschiedene Benutzergruppen: Normale Benutzer mit eingeschränkten Rechten oder einem sogenannten Superuser, der alle Rechte besitzt, vergleichbar mit einem Administrator. Wenn wir als „Administrator" agieren möchten, benötigen wir vor jedem Befehl den Vorsatz sudo. Sudo ist dabei eine Abkürzung für den Begriff **Su**peruser **do**.

Beispielsweise können wir mit der Eingabe

```
sudo raspi-config
```

die aktuelle Konfiguration des Raspberry Pi anschauen und editieren.

Mit dem Befehl

```
sudo apt-get update
```

und

```
sudo apt-get upgrade
```

können neue Programme bzw. sogenannte Packages installiert werden.

Es gibt noch viele weitere Befehle für die Konsole. Beispielsweise kann man direkt die GPIO-Ausgänge des Raspberry Pi ansteuern.

```
GPIO.output([pin number], 1)
```

Die Konsole bietet viele weitere Möglichkeiten. Beispielsweise kann man in verschiedene Verzeichnisse wechseln, Dateien kopieren oder sich wie in einem Geräte-Manager die USB-Geräte anzeigen lassen.

Die folgende Tabelle stellt die wichtigsten Konsolenbefehle zusammen:

| **Befehl** | **Bezeichnung** | **Beispiel** |
|---|---|---|
| cd + Pfad | change directory | *cd /Desktop/Ordner1* |
| sudo ./ + pfad | Führt ein Programm/Anwendung aus | *cd /Desktop/Ordner1/Programm1.py* |
| Pfeiltaste nach oben | Zuvor eingegebener Befehl anzeigen | |
| Pfeiltaste nach unten | Nächster eingegebener Befehl anzeigen | |
| ls | Zeigt alle Dateien im aktuellen Ordner an | |
| lsusb | Zeigt alle aktuell erkannten USB-Geräte | |

Es ist jedoch Konsens, dass die Konsole bei der Anwendung mit dem Raspberry Pi eher eine untergeordnete Rolle spielt. Wenn ein Befehl notwendig ist, findet man diesen ohne Schwierigkeiten mit nur wenigen Mausklicks.

Deshalb schenken wir den Konsolenbefehlen nur Sekundärbeachtung und beginnen stattdessen mit der konkreten Programmierung mithilfe der Programmiersprache Python.

## 4.4. Python Grundlagen

Wir erinnern uns zurück, dass die Abkürzung Pi des Raspberry Pi für Python Interpreter steht. Bisher war aber noch nie die Rede von Python.

Bisher hatten wir Python nicht gebraucht, für die folgenden Projekte schon. Denn um die GPIOs anzusteuern, beispielsweise um Sensoren oder Aktoren anzuschließen, müssen wir den Raspberry mit Python ansprechen, denn der Python Interpreter ist standardmäßig installiert. Bevor wir anfangen zu programmieren, wiederholen wir die Grundlagen der Python-Programmierung. Das beinhaltet Datentypen, Variablen, aber auch Schleifen und Abfragen.

Die folgenden Abschnitte wurden aus dem Buch „Python ohne Vorkenntnisse – Innerhalb von 7 Tagen ein neuronales Netz programmieren lernen" übernommen. Das Buch ergänzt diese Bücherreihe und ist genauso anfängerfreundlich aufgebaut wie dieses Buch.

Wer Python weitergehend verstehen möchte, dem empfiehlt sich dieser Ratgeber.

Wenn wir auf dem Raspberry Pi ein Python-Programm ausführen möchten, verwenden wir die Entwicklungsumgebung, die standardmäßig mit Raspbian ausgeliefert wird.

Dazu klicken wir auf das Raspberry-Symbol am linken Ende der Taskleiste und anschließend im ersten Unterpunkt des Dropdown-Menüs auf Entwicklung. Dort finden wir das Programm Thonny Python IDE.

*Abbildung 43 Thonny Python IDE*

Im Folgenden werden die Grundlagen der Programmierung erläutert.

Spezieller werden die Bausteine, wie das Benutzen von Kommentaren, Klammern oder Einrücken anhand von Python beschrieben. Die Prinzipien lassen sich auch auf andere Programmiersprachen wie Java, C, C# und weitere übertragen. Python hat jedoch den entscheidenden Vorteil, dass der Fokus auf Übersichtlichkeit und Einfachheit gelegt wurde. Beispielsweise gibt es, anders als in anderen Programmiersprachen, nur selten Klammern oder Semikolons.

## 4.5. Kommentare

Kommentare dienen der Übersichtlichkeit und Struktur eines Programms. Wenn wir ein Programm verfassen und es anschließend jahrelang nicht mehr verwenden, werden wir später sehr lange brauchen, um die Funktionen wieder nachzuvollziehen.

Deshalb sind Kommentare für das schnelle Verständnis der Funktion eines Programms enorm wichtig.

Kommentare dienen als Gedächtnisstütze, Strukturelement und zur Erläuterung des Codes.

Ein Kommentar wird vom Compiler/Interpreter nicht übersetzt. Er dient lediglich dem Menschen, um das Programm besser verstehen zu können. Kommentare werden mit einem Rautenzeichen angeführt.

```
# dies ist ein Kommentar
```

Kommentare werden vom Texteditor bzw. der Entwicklungsumgebung direkt als solche erkannt.

Es gibt keine feste Regel, wann wir einen Kommentar setzen sollten. Bei der Entscheidungshilfe gilt der Spruch: „Lieber einen Kommentar zu viel als zu wenig". Andere Programmierer, die unseren Code verstehen wollen, und auch wir selbst werden später für jeden Kommentar dankbar sein.

## 4.6. Docstrings

Für eine bessere Übersichtlichkeit empfiehlt es sich, zusätzlich zu den Kommentaren eine Beschreibung des Programms anzugeben. Diese Beschreibungen werden als Docstring bezeichnet und machen es dem Programmierer leichter, die Hintergründe und Funktionsweise des Programms zu verstehen. Docstrings können auch mit speziellen Funktionen ausgelesen werden, ohne dass auf den Quellcode zugegriffen werden muss.

Vor allem wenn mehrere Leute an einem Projekt arbeiten oder mehrere Personen denselben Code verstehen sollen, sind Kommentare und Docstrings unumgänglich.

Ein Beispiel könnte wie folgt aussehen:

```
''' Programmcode: Beispielprogramm Python
Automatisierung einer Sortierstation
Autor: Max Mustermann
Erstellt: 12.12.2021
Projektstand: 01.01.2022
'''
```

Wie im obigen Beispiel zu sehen, wird die Kommentarsektion des Docstrings mit drei einfachen ''' oder drei doppelten Anführungszeichen """ geöffnet und geschlossen. Die Funktion ist genau dieselbe.

```
""" Alles innerhalb der Anführungszeichen wird als Überschrift/Beschreibung interpretiert. """
```

Beim Kopieren und Einfügen von Codes, beispielsweise von Internetseiten oder anderen Programmen, kann es vorkommen, dass die Anführungszeichen nicht korrekt übernommen werden. Der Programmierer muss diese dann löschen und erneut eingeben.

Jetzt wissen wir, wie wichtig es ist, ein Programm ausreichend zu dokumentieren, und wie wir die Kommentare und Docstrings setzen. Als Nächstes geht es an die konkrete Programmierung mittels Anweisungen.

## 4.7. Anweisungen

Anweisungen (engl. instructions) bilden den Kern eines Programms. „Anweisung“ ist ein Überbegriff für beispielsweise Rechenoperationen oder Ein- oder Ausgabebefehle an der Konsole. Auch das Definieren von Variablen, das Aufrufen von Funktionen oder das Abbrechen einer Schleife ist eine Anweisung. Bei Anweisungen empfiehlt es sich, wieder einen Kommentar anzuhängen.

Anweisungen können untereinandergeschrieben werden. Durch die neue Zeile erkennt der Interpreter, dass es sich um eine neue Anweisung handelt.

```
Anweisung1 #Kommentar zu Anweisung1
Anweisung2 #Kommentar zu Anweisung2
Anweisung3 #Kommentar zu Anweisung3
```

Alternativ können wir mehrere Anweisungen in dieselbe Zeile schreiben. Dabei werden diese durch ein Semikolon getrennt. Das ist sinnvoll, wenn zwei Anweisungen logisch eng zusammengehören oder wir oftmals die gleiche Anweisung aufrufen.

```
Anweisung1; Anweisung2 #Kommentar zu Anweisung1 und 2
```

Als erste, einfach verständliche Anweisung wird der Aufruf der print()-Funktion eingeführt.

## 4.8. Konsolenausgabe mit print()

Die print()-Funktion ist eine der einfachsten und am meisten genutzten Funktionen. Mit ihrer Hilfe kann man Werte in der Konsole ausgeben. Damit haben wir eine Möglichkeit, um mit dem Benutzer des Programms zu „kommunizieren“.

Mit dem Befehl print() können Wörter und Zahlen in der Konsole ausgegeben werden, ebenso wie der Inhalt von Variablen, Listen oder ganzen Datensätzen, die im folgenden Kapitel behandelt werden.

Im ersten Beispiel übergeben wir der Funktion einen Text, der dem Benutzer angezeigt werden soll. Diesen Text setzen wir bei der print()-Funktion zwischen die runden Klammern.

Der auszugebende Text wird innerhalb der Klammern in einfachen oder doppelten Anführungszeichen gesetzt.

```
print(“Hallo Welt“) #gibt Hallo Welt in der Konsole aus
```

Nicht vergessen: Damit das Programm startet, muss es über die Schaltfläche mit dem grünen Pfeil ausgeführt werden.

Möchte man die doppelten Anführungszeichen mit ausgeben, können einfache Anführungszeichen vorangestellt werden.

```
print(‘“Hallo Welt“‘) #gibt “Hallo Welt“ aus
```

Wie bereits erwähnt, können wir nicht nur reinen Text ausgeben, sondern auch Zahlen oder ganze Rechnungen.
Anders als beim Text, werden beim Ausgeben einer Rechnung die Anführungszeichen weggelassen. Somit wird das Ergebnis der mathematischen Operation ausgegeben und nicht die Textzeichen der Rechnung. Ein Beispiel verdeutlicht das:

```
print(“3+4“) #Es wird 3+4 ausgegeben
```

```
print(3+4) #Es wird 7 ausgegeben
```

*Abbildung 44 print-Ausgabe in der Konsole*

Praktisch ist dabei, dass nach einem print()-Befehl automatisch ein Umbruch in der Konsole eingefügt wird.

Zur Darstellung der Ausgabe stehen uns verschiedene Möglichkeiten zur Verfügung.

Für ein geordnetes Erscheinungsbild können bei der Ausgabe der Daten über einen leeren print()-Befehl zusätzlich Absätze und Leerzeilen eingefügt werden.

```
print() #Leerzeile
```

Ein Zeilenumbruch kann durch die Zeichenfolge \n realisiert werden, eine Einrückung (Tabulator) mit der Zeichenfolge \t.

```
print('Absatz folgt\n') #Absatz
print('Leerzeile folgt')
print()    #Leerzeile
print("\t Dieser Text ist eingerückt")
```

*Abbildung 45 Beispiel print-Ausgabe eines Absatzes, Leerzeichen und einer Einrückung*

Alternativ kann ein print()-Befehl auch über mehrere Zeilen ausgegeben werden.

Dafür werden drei Anführungszeichen am Anfang und am Ende des Textes benötigt, genau wie bei einem Docstring.

Anschließend werden die Zeilenumbrüche auch in der Konsole ausgegeben.

```
print('''dieser Text
wird
in 4 Zeilen
ausgegeben''')
```

*Abbildung 46 print-Ausgabe über mehrere Zeilen*

Nachdem wir gelernt haben, wie man einfachen Text oder Zahlen mittels der print()-Funktion ausgibt, beschäftigen wir uns als nächstes mit dem Speichern von Daten in Variablen.

## 4.9. Variablen

Variablen sind unverzichtbar für nahezu jedes Python-Programm. Dabei handelt es sich um Zahlen, Zeichen oder ganze Texte, die während der Laufzeit eines Programms verändert werden können. Sie dienen zur Speicherung von Werten. Durch Nennen der Variablen können wir im Verlauf des Programms den Wert wieder abrufen, beispielsweise um diesen in einer Rechnung einzusetzen.

Eine Variable besteht aus einem Namen und einem Wert. Wir können uns die Variable wie eine Box vorstellen, auf der der Name der Variablen geschrieben ist. Der Inhalt ist dabei der Wert der Variablen. Dieses Verständnis wird später noch von Bedeutung sein.

Zum Anlegen einer Variablen schreiben wir lediglich den Namen der gewünschten Variablen und weisen ihr mit dem Gleichheitszeichen (Zuweisungsoperator) direkt einen Wert zu.

Anders als bei anderen Programmiersprachen müssen wir Variablen in Python am Anfang eines Programms nicht initialisieren. Im Gegenteil, einer Variablen muss bei der erstmaligen Nennung direkt ein Wert zugewiesen werden.

Der Name der Variablen kann bei der Erstellung beliebig gewählt werden und Buchstaben, Ziffern und Unterstriche enthalten, dürfen allerdings nicht mit einer Ziffer begonnen werden.

```
variable_test_1 = 4
```

Dabei ist variable_test_1 der Name der Variablen und die Ziffer 4 ihr Inhalt/Wert.

*Abbildung 47 Variablen-Box-Modell*

Es gibt einige Konventionen bei der Erstellung der Namen von Variablen, die es einem Programm ermöglichen, innerhalb weniger Sekunden zu erkennen, welches Wort eine Variable und welches z.B. eine Klasse darstellt.

Die wichtigsten Konventionen sind dabei:

- Der Name einer Variablen soll deren Funktion widerspiegeln.
- Variablen beginnen mit einem Kleinbuchstaben.
- Variablen, die aus mehreren Wörtern bestehen, werden mit einem Unterstrich verbunden.
- Lange Wörter sollen nach Möglichkeit abgekürzt werden.

Die Benennung der Variablen sollte sinnvoll und kurz sein. Bei mehreren ähnlichen Variablen empfiehlt es sich, diese durch den Namen oder anhand von Indizes zu unterscheiden. Eine Variable, in der beispielsweise ein Temperaturwert gespeichert wird, könnte demnach temp1 heißen.

```
temp1 = 20
temp2 = 30
...
```

Der Variablen temp1 (beispielsweise in einem Innenraum) wird der Wert 20 zugeordnet. Der Variablen temp2 (beispielsweise im Außenbereich) entsprechend der Wert 30.

Die Variablen müssen eindeutige Namen erhalten, ein Name darf nicht mehrmals vergeben werden. In Python wird zusätzlich in Groß- und Kleinschreibung unterschieden. Temp1, TEMP1 und temp1 werden als drei verschiedene Variablen interpretiert.

Variablen können auch Wörter (Zeichenketten) enthalten.

```
name = 'Tom'
```

Wenn wir Wörter oder Sätze in einer Variablen speichern wollen, müssen wir immer Anführungszeichen setzen. Dabei können wir einfache oder doppelte Anführungszeichen verwenden, die Funktion ist die gleiche.

```
name = 'Tom'
name = "Tom"
```

Anders als im Deutschen müssen beide Anführungszeichen oben stehen.

Der Wert einer Variablen kann ebenfalls mit dem print()-Befehl ausgegeben werden.

```
print(temp1)
```

Bei der Ausgabe von Variablen über die print()-Funktion gibt es hinsichtlich der Syntax einiges zu beachten:

Möchte man den Inhalt einer Variablen ausgeben, werden keine Anführungszeichen geschrieben. D. h. ohne Anführungszeichen wird von dem Befehl print() eine Variable erwartet, die definiert sein muss.

Soll dagegen der Text ausgegeben werden, sind Anführungszeichen zu setzen. In der nachfolgenden Tabelle wird dies anhand einiger Beispiele veranschaulicht. Zunächst wird der Variablen name der Wert Tom zugewiesen.

```
name='Tom' # Der Variable „name" wird der Inhalt 'Tom' zugewiesen
```

| | |
|---|---|
| print('name') | gibt „name" aus |
| print(name) | gibt „Tom" aus |
| print(Tom) | Error, die Variable „Tom" ist nicht definiert |

Der letzte Aufruf gibt einen Error aus, weil keine Anführungszeichen gesetzt sind. Die Funktion fordert an dieser Stelle eine Variable. Die Variable Tom ist jedoch nicht bekannt. Tom ist lediglich der Inhalt der Variablen name. Das ist ein wichtiger Unterschied.

Die print()-Funktion kann auch eine Kombination aus Text und Variablen anzeigen. Dafür müssen nicht mehrere Befehle aufgeführt werden.

Wollen wir beispielsweise die Temperatur inklusive der Einheit °C angeben, können wir beides in einen print()-Befehl packen. Die Syntax dabei ist:

*print("TEXT",VARIABLE,"TEXT")*

Dabei werden die Bereiche mit einem Komma getrennt.

Für das Beispiel der Temperatur sieht das folgendermaßen aus:

*temp1=20*

*print('Temperatur: ',temp1,'°C')*

*Abbildung 48 Konsolenausgabe Text und Variable*

Der Text wird einfach über das Setzen in Anführungszeichen der Variablen hinzugefügt.

Was passiert jedoch, wenn wir ein Anführungszeichen speichern oder ausgeben möchten?

Hierfür muss dem Interpreter mitgeteilt werden, dass es sich um Anführungszeichen handelt, die als Text anzusehen sind. Dafür schreiben wir vor das Anführungszeichen einen Backslash (\). Dieser kann mit der Tastenkombination AltGr + ß aufgerufen werden. Diese Vorgehensweise wird auch als Maskierung bezeichnet.

Das Anführungszeichen wird wie folgt maskiert:

*variable = 'Dieses Anführungszeichen \' wurde maskiert.'*

*print(variable)*

*Abbildung 49 Ausgabe eines maskierten Anführungszeichens*

Jetzt wissen wir, wie wir Zahlen oder Worte in Variablen speichern und diese über die Konsole ausgeben können. Damit haben wir bereits viel gewonnen. Im nächsten Kapitel beschäftigen wir uns mit Datentypen von Variablen und deren Einteilung.

## 4.10. Datentypen

In jeder Programmiersprache gibt es verschiedene Typen vonVariablen, die sich hinsichtlich ihrer Größe (Speicherplatzbedarf) oder ihres Inhalts unterscheiden.

Man spricht dabei von Datentypen. Verschiedene Daten werden nach ihrer Art und ihrer Funktion eingeteilt. Eine Zahl hat dabei beispielsweise einen anderen Typ als ein Wort. Doch wozu braucht man diese Unterscheidung überhaupt?

Wenn eine Variable beispielsweise nur die Werte 0 oder 1 enthalten kann, reicht schon eine einzelne Speicherzelle (Bit) aus, um diese Information abzubilden. Als Beispiel kann ein Münzwurf gewählt werden, dessen Ergebnis lediglich 1 (Zahl) oder 0 (Kopf) annehmen kann.

Es macht daher keinen Sinn, der Variablen 2, 3 oder 10 Speicherzellen bereitzustellen. Daher weist man der Variablen einen Datentyp zu, der lediglich eine Speicherzelle belegt und nur zwei Werte annehmen kann.

Neben dem Haushalten mit Speichereinheiten gibt es noch weitere Gründe, warum es sinnvoll ist, Daten in verschiedenen Typen abzuspeichern.

So können beispielsweise Zahlen mithilfe von Operatoren verrechnet werden. $3 + 3 = 6$ ist jedem bekannt und logisch geläufig. Für den Datentyp „ganze Zahlen“ gibt es daher einen eigenen Typ.

Ganze Zahlen werden als Datentyp *Integer*, kurz int, abgespeichert. Der Interpreter weiß: Mit Integer-Variablen kann man rechnen.

Aber wie sieht es zum Beispiel mit Worten aus?

Der Datentyp für Wörter heißt string. Mit ihm kann man nicht so einfach rechnen wie mit Integer-Variablen.

Ein simples Beispiel veranschaulicht die Problematik:

```
„Hallo“ + “Welt“ # Was ergibt das?
```

Man könnte den Ausdruck als „Hallo Welt“ interpretieren, eine mathematische Grundlage gibt es dafür nicht. Noch deutlicher wird es bei einem Vergleich:

```
„Hallo“ < „Welt“ # Was ergibt das?
```

Dies verdeutlicht, dass man arithmetische oder logische Operatoren nicht auf String-Variablen anwenden kann.

Das Verständnis dieser Unterschiede ist für folgende Kapitel noch grundlegend wichtig.

Neben den beiden Datentypen string und int gibt es noch weitere. In der folgenden Tabelle sind die wichtigsten Variablentypen mit ihren Eigenschaften aufgelistet. Darüber hinaus gibt es unzählige weitere Variablentypen, die für Neueinsteiger aber nur eine geringe bis überhaupt keine Rolle spielen.

| Name | Abkürzung | Darstellung | Besonderheit |
|---|---|---|---|
| boolean | bool | 0 und 1 (True or False) | |
| string | str | "Hallo" | Zeichenketten |
| integer | int | -1, 5, 1929 | Nur ganze Zahlen |
| float | float | 1.32 ; 6.00 ; 128.28 | (Gleit-)Kommazahlen |
| liste | list | [1,18,'Hallo'] | Mehrere Elemente |

In anderen Programmiersprachen muss man dem Compiler mitteilen, welchem Datentyp eine Variable zugeordnet wird, das ist bei Python nicht so.

Der Vorteil von Python liegt vor allem in der einfachen Zuordnung von Datentypen. Python erkennt anhand der Variablen selbst, welcher Datentyp verwendet werden soll. Durch den Inhalt bzw. die Schreibweise des Inhalts wird automatisch ein Datentyp zugewiesen, ohne dass dieser separat angegeben werden muss.

```
x = 5          # Variable wird als Ganzzahl (integer) abgespeichert
x = 5.00       # Variable wird als Gleitkommazahl (float) abgespeichert
x = "5.00" # Variable wird als Zeichenkette (string) abgespeichert
```

Datentypen sind nicht starr. Das heißt, sie können auch innerhalb des Programms verändert werden.

Python passt auch hier bei Bedarf den Datentyp an. Wird eine ganze Zahl (int) mit einer Gleitkommazahl (float) verrechnet, wird dem Ergebnis automatisch auch eine Gleitkommazahl (float) zugewiesen.

```
i = 52      # Der Datentyp wird automatisch zu integer gesetzt
i = 52 + 0.01   # Der Datentyp wird auf float geändert.
i = "zweiundfünfzig"   # Der Datentyp ist jetzt ein string
```

Dabei besitzt jeder Datentyp verschiedene Attribute (Eigenschaften). Das wird im Kapitel Funktionen noch von Bedeutung sein, denn nicht jede Funktion akzeptiert alle Datentypen.

Es empfiehlt sich, ein paar Überlegungen zu den Datentypen anzustellen. Welcher Datentyp ergibt sich, wenn wir 6 geteilt durch 3 rechnen? Welcher, wenn wir 7 durch 3 dividieren?

## 4.11. Benutzereingabe mit input()

Wie wir Daten an der Konsole ausgeben, haben wir bereits kennengelernt. Als Nächstes sehen wir uns an, wie wir Daten vom Benutzer abfragen können.

Die Funktion input() erfüllt genau diesen Zweck. Sie ist hilfreich, um den Benutzer des Programms während der Laufzeit einzubeziehen.

Der Funktion kann man zusätzlich eine Aufforderung als Argument übergeben.

```
input("Bitte geben Sie eine Zahl zwischen 0 und 10 ein")
```

Sobald das Programm die Funktion ausführt, wird die Aufforderung in der Konsole ausgegeben und es verlangt nach einer Benutzereingabe. Die Benutzereingabe erfolgt ebenfalls über die Konsole.

Es können eine Zahl, ein Wort oder sogar Sätze eingetippt werden. Durch Betätigen der Enter-Taste werden die Daten eingelesen.

Die Funktion input() speichert die Dateneingabe als Zeichenkette ab. Für Wörter oder Sätze ist das korrekt und kann so übernommen werden.

Möchte man jedoch Zahlen einlesen, um mit diesen anschließend zu rechnen, muss man die Funktion eval() verwenden.

Die Funktion eval() speichert die eingelesenen Daten unter dem richtigen Datentyp ab. Denn wir erinnern uns, dass man mit String-Variablen nicht rechnen kann.

Jetzt wird es etwas komplizierter: Wir übergeben der Funktion eval() die komplette Funktion input() als Argument. Wir schachteln die Funktionen ineinander.

Möchten wir einen eingegebenen Wert in einer Variablen mit dem passenden Datentyp speichern, lautet der vollständige Befehl:

```
x= eval(input("Bitte geben Sie eine Zahl zwischen 0 und 10 ein"))
```

Damit wird die Aufforderung ausgeben, anschließend die Zahl eingelesen und in den passenden Datentyp (integer) umgewandelt und in die Variable x gespeichert.

## 4.12. Runden mit round

Bei der Verarbeitung und dem Einlesen von Zahlen kommt es öfter vor, dass eine Zahl als Gleitkommazahl gespeichert wird. Der Datentyp float ist auf mehrere Nachkommastellen genau. Für das Rechnen sehr praktisch, bei der Bildschirmausgabe ist das optisch äußerst unschön.

Ein einfaches Beispiel veranschaulicht die Problemstellung.

```
y= 5/3
print(y)
```

*Abbildung 50 Ausgabe einer Float-Zahl*

Die round()-Funktion schafft Abhilfe. Der Syntax ist wie folgt:

round(die zu rundende Zahl, Anzahl der Nachkommastellen)

```
y=5/3
print(round(y,2)) # y wird auf 2 Nachkommastellen gerundet.
```

```
Shell
>>> %Run '003 round.py'
  1.67
>>>
```

*Abbildung 51 Ausgabe einer gerundeten Float-Zahl*

Es gibt noch viele weitere Funktionen, von denen wir auch noch weitere kennenlernen und sogar selbst verfassen werden. Davor sehen wir uns jedoch noch einmal genauer an, wie man Daten effektiv speichern und verarbeiten kann.

## 4.13. Datentypumwandlung

Wir haben bereits verschiedene Datentypen kennengelernt und gesehen, wie Python diese verarbeitet. Meistens wird automatisch der richtige Datentyp angelegt. Wir haben aber auch schon ein Beispiel gesehen, bei dem das nicht der Fall ist. Die input()-Funktion liefert nicht immer den Datentyp, den wir uns wünschen. Als Lösung haben wir die eval()-Funktion verwendet, welche die Eingabe evaluiert und den richtigen Datentyp zuordnet.

Für Einsteiger ist die Funktion vollkommen ausreichend. Erfahrene Entwickler raten hingegen oftmals von der Verwendung ab. Grund dafür ist, dass die Funktion mehr Rechenleistung und Laufzeit als die manuelle Eingabe des Datentyps verlangt.

Außerdem ist die Auswertung des eingegebenen Ausdrucks mit der eval()-Funktion teilweise sogar gefährlich. Ein Bediener kann einen Ausdruck eingeben, dessen Auswertung durch die Funktion Schäden auf dem Rechner, auf dem das Programm läuft, verursacht. In der Praxis wird eval() nur eingesetzt, wenn das Programm von niemand anderem als dem Programmierer bedient wird.

Als Alternative können wir die Datentypen auch vorgeben, indem wir den Datentyp vor den auszuführenden Befehl schreiben. Wollen wir eine Eingabe als Integer-Zahl abspeichern, schreiben wir:

```
x= int(input("geben sie eine Zahl ein"))
```

Die Zahl erhält den Datentyp int.

Die Typumwandlung kann auf alle Datentypen angewandt werden.

```
x= int(input("geben sie eine Zahl ein")) #int
```

```
print(x)
y=float(x) #Umwandlung in Gleitkommazahl
print(y)
z=str(y) #Umwandlung in Zeichenkette
print(z)
```

An der Konsole können wir die Ausgabe anschauen.

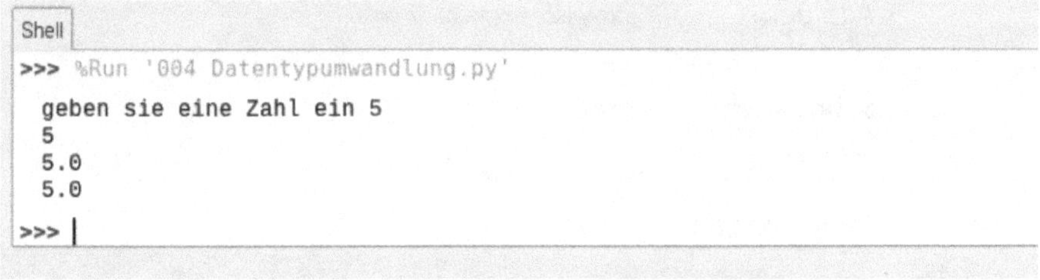


*Abbildung 52 Ausgabe nach Typumwandlung*

Die zweite und dritte Ausgabe ist identisch, jedoch ist einmal der Datentyp float ausgegeben worden und einmal eine Zeichenkette.

## 4.14. Operatoren

Wir haben bereits Variablen und Datentypen kennengelernt und können die abgespeicherten Werte nicht nur mit der print()-Funktion ausgeben, sondern auch mit ihnen rechnen oder verschiedene Variablen miteinander vergleichen.

Hierfür werden verschiedene Operatoren verwendet, die man in unterschiedliche Klassen einteilen kann. Die Operatoren sind teilweise logisch erschließbar, wie beispielsweise Plus- und Minuszeichen.

Die Operatoren wie plus, minus, mal und geteilt und weitere werden arithmetische Operatoren genannt.

Die folgende Tabelle zeigt die häufigsten arithmetischen Operatoren in Python und ihre Funktion.

**Arithmetische Operatoren**

| Operator | Bedeutung | Beispiel | Funktion |
|---|---|---|---|
| = | Zuweisung | x=3 | |
| + | Addition | x=y+2 | |
| - | Subtraktion | x=y-2 | |
| * | Multiplikation | x=y*2 | |
| / | Division | x=y/2 | |
| ** | Potenzierung | y=x**3 | $y=x^3$ |
| % | Modulo | x = 10%3 | Liefert den Rest bei Division. 10 geteilt durch 3 ergibt 3, Rest 1, also nimmt x den Wert 1 an. |
| // | Ganzzahldivision | x = 10//3 | Liefert das Ganzzahlergebnis bei einer Division.<br>10 geteilt durch 3 ergibt 3. Der Rest wird nicht berücksichtigt. |

Neben den arithmetischen Operatoren fürs Rechnen gibt es noch weitere, beispielsweise die Vergleichsoperatoren.

Im Gegensatz zu den arithmetischen Operatoren ist die Wirkungsweise der Vergleichsoperatoren binär, das bedeutet, es gibt lediglich zwei mögliche Ergebnisse.

Auf die Frage: „Ist der Inhalt der Variable x größer als die Zahl fünf?“ gibt es nur zwei Antwortmöglichkeiten. Entweder stimmt die (Un-)Gleichung und ist damit wahr (True) oder sie stimmt nicht und ist damit falsch (False).

Das Ergebnis eines Vergleichs kann lediglich zwei Zustände annehmen: wahr oder falsch.

Möchte man zwei Zahlen oder Variablen miteinander vergleichen, benötigt man daher die Vergleichsoperatoren.

Die folgende Tabelle veranschaulicht die Verwendung von Vergleichsoperatoren und deren Ergebnis.

**Vergleichsoperatoren**

| **Operator** | **Bedeutung** | **Beispiel** | **Ergebnis** |
|---|---|---|---|
| < | Kleiner? | 3<5 | True |
| <= | Kleiner gleich? | 5<=3 | False |
| > | Größer? | 5>3 | True |
| >= | Größer gleich? | 5>=3 | True |
| == | Gleich? | 5==4 | False |
| != | Ungleich? | 4!=5 | True |

Das einfache (=) Gleichheitszeichen ist eine Zuweisung. Möchte man prüfen, ob zwei Variablen gleich sind, müssen zwei Gleichheitszeichen (==) gesetzt werden.

```
x=5 # Der Variablen x wird der Wert 5 zugewiesen
x==5 # Es wird geprüft, ob x den Wert 5 enthält. Das Ergebnis ist True oder False
```

Der Befehl print(3<4) gibt als Ergebnis „True“ also „wahr“ aus.

Warum sind hier keine Anführungszeichen gesetzt? Was würde die Konsole ausgeben, wenn man diese einfügt?

Lösung: Wenn Anführungszeichen eingesetzt werden, wird der Text und nicht das Ergebnis der Operation ausgegeben. In diesem Fall print(“3<4“) würde 3<4 ausgegeben.

Als letzten Unterpunkt schauen wir uns die logischen Operatoren an. Logische Operatoren interpretieren jeden Zahlenwert und jede Variable als wahr oder falsch ähnlich den Vergleichsoperatoren. Dabei wird jeder Wert außer der Null als True interpretiert. Lediglich die Null wird als False angenommen. Logische Operatoren werden meist mit Bedingungen kombiniert.

Die Besonderheit bei den logischen Operatoren ist, dass der Operator selbst kein Zeichen, sondern ein Wort ist.

Die wichtigsten Operatoren werden in der folgenden Tabelle dargestellt.

**Logische Operatoren**

| Operator | Bedeutung | Beispiel | Funktion |
|---|---|---|---|
| not | Negation | x = not y; | Ist y wahr, wird x falsch und umgekehrt |
| and | Und | x = y and z | Wenn y und z wahr sind, ist x wahr, ansonsten ist x falsch |
| or | Oder | x =y or z | Wenn y oder z wahr sind, ist x wahr, ansonsten ist x falsch |

**Was ist jeweils der Wert der Variablen z?**

| | |
|---|---|
| x = 5<br>z = not x | Die Zahl 5 wird als „True" interpretiert. Demnach erhält die Variable z den Wert „False" |
| x = 6 ; y = 0<br>z = x and y | x ist „True", y jedoch nicht. Demnach ist die Variable z „False". |
| x = 6 ; y = 0<br>z = x or y | x ist „True", y ist „False". Es reicht, wenn x oder y „True" ist. Daher ist z auch „True" |
| x = 6 ; y = 0<br>z = x and not y | x ist „True", y ist „False". „not y" ist daher „True". Demnach ist die Variable z auch „True" |

Hiermit haben wir einen Überblick über die wichtigsten Bauteile beim Rechnen mit Variablen erhalten. Operatoren und Variablen sind Grundbausteine eines jeden Programms und werden in vielfachen Kombinationen und Möglichkeiten eingesetzt. Um die Operatoren und Variablen sinnvoll verwenden zu können, schauen wir uns im nächsten Unterkapitel die Wirkungsweise von Funktionen in Python an.

## 4.15. Funktionen

Funktionen wurden teilweise bereits eingeführt, beispielsweise die print()-Funktion, die Daten an der Konsole ausgibt. Den meisten sind Funktionen noch aus dem Schulunterricht in Erinnerung geblieben: $y = 2 \cdot x + 1$ ist ein Beispiel für eine Funktion.

Der Grundgedanke dabei ist, dass wir der Funktion eine Zahl x übergeben und anschließend eine Zahl y zurückbekommen.

Bei der Programmierung beschränkt sich eine Funktion jedoch nicht nur auf Zahlen als Ein- oder Ausgabewerte.

Beispielsweise kann man einer Funktion einen Buchstaben oder ein ganzes Wort anstelle einer Zahl übergeben. Der übergebene Wert wird als Argument bezeichnet.

Eine Funktion wird über den Namen, gefolgt von zwei runden Klammern, aufgerufen. Die Klammern enthalten die geforderten Argumente der Funktion.

Zurück bekommt man ebenfalls nicht zwangsläufig eine Zahl.

Als Beispiel wird wieder unsere bekannte Funktion print() herangezogen.

Der Funktion print() kann man Variablen, Terme oder Sätze übergeben.

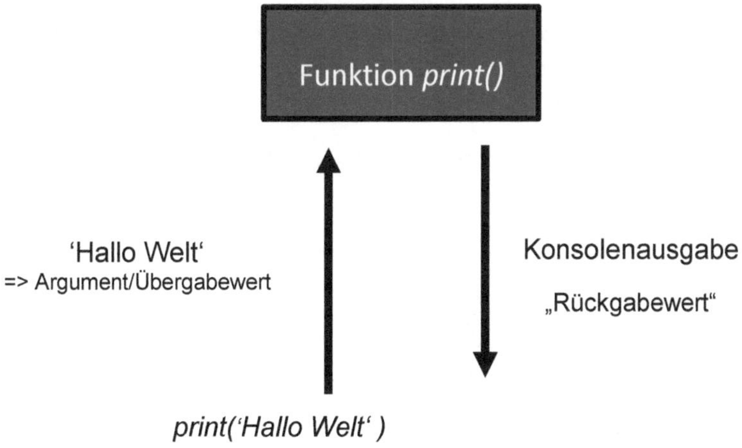


*Abbildung 53 Funktionsaufruf*

Als Rückgabewert wird eine Konsolenausgabe angestoßen.

Die print()-Funktion ist nur ein Beispiel einer Funktion. Als Nächstes schauen wir uns weitere, sehr nützliche Funktionen an.

## 4.16. Listen

Python ist hervorragend dafür ausgelegt, um mit großen Datensätzen zu arbeiten. Mit einfachen Variablen kommen wir jedoch schnell an unsere Grenzen. Wenn wir hunderte Zahlen speichern wollen, müssten wir hunderte Variablen anlegen. Sinnvoller ist es, mehrere zusammenhängende Variablen in einer Variablen zu speichern. Als Lösung wird ein neuer Datentyp eingeführt, die sogenannten Listen.

Dabei handelt es sich, wie der Name schon sagt, um eine Liste, also eine Aneinanderreihung von Wörtern oder Zahlen, die zusammen in einer einzigen Variablen gespeichert werden.

Das Anlegen einer Liste erfolgt analog zum Anlegen einer Variablen, mit dem Unterschied, dass am Beginn und am Ende der Liste eckige Klammern stehen. Dadurch weiß der Interpreter, dass es sich um eine Liste handelt.

Die Elemente der Liste werden durch Kommata getrennt. Bei Wörtern (strings) dürfen wiederum die Anführungszeichen nicht vergessen werden.

```
datensatz = [ "Tom", 26, 1.84]
```

Das Beispiel legt eine Liste mit diesen drei Elementen an und speichert die Liste in die Variable *datensatz*. Die Variable besitzt jetzt den Datentyp *liste*. Tom steht dabei für den Namen, 26 für das Alter und 1.84 für die Größe.

Normalerweise hätten wir drei gesonderte Variablen anlegen müssen. Der Vorteil von Listen liegt also auf der Hand.

Anhand des Beispiels können wir noch weitere Eigenschaften ableiten.

Wie man schnell sieht, kann eine Liste verschiedene Datentypen, hier string/str, int und float, enthalten. Jedes Element der Liste erhält dabei automatisch einen Index, beginnend bei null.

Möchte man einzelne Elemente einer Liste abfragen, muss der Index in Klammern geschrieben werden.

| | |
|---|---|
| *print(datensatz[0])* | gibt das erste Element [„Tom"] aus |
| *print(datensatz[2])* | gibt das dritte Element [1.84] aus |
| *print(datensatz[:1])* | gibt eine Teilliste ["Tom"] aus |
| *print(datensatz[1:2])* | gibt eine Teilliste [26, 1.84] aus |
| *print(datensatz[-1])* | gibt das letzte Element [1.84] aus |
| *print(datensatz[-2])* | gibt das vorletzte Element [26] aus |

Wie können wir den Index -1 und -2 interpretieren? Es gibt doch kein negatives Listenelement, oder?

Nun, die Listen können schnell viele hunderte Elemente besitzen oder es können ständig neue Elemente angehängt werden.

Möchten wir auf die letzten Elemente zugreifen, können wir den letzten Index eingeben. Manchmal ist der Index jedoch nicht bekannt oder er ist sehr groß. Deshalb kann man in Python mit negativen Indexen die zuletzt angefügten Elemente auswählen.

```
liste = [0,1,....,999999999]
#Wir wollen das 999.999.999te Element auslesen
liste[999999999]# funktioniert
liste [-1] #besser
```

## Rechnen mit Listen

Listen können, wie bereits gesagt, Elemente mit verschiedenen Typen enthalten. Wir können aber auch mit der ganzen Liste, also dem kompletten „Datensatz", auf einmal rechnen. Beispielsweise können wir einer Liste beliebige Elemente hinzufügen, diese überschreiben oder löschen. Als Beispiel ziehen wir wieder unsere Liste mit Namen, Alter und Größe einer Person heran:

```
datensatz = [ "Tom", 26, 1.84]
```

Durch den Befehl

```
datensatz[1] = 27
```

wird das Alter von 26 auf 27 überschrieben.

Mit dem Befehl

```
del datensatz[1]
```

wird das Element mit dem Index 1 vollständig gelöscht.

## Addieren und Multiplizieren

Obwohl Listen oftmals Wörter oder Sätze enthalten, kann man sie trotzdem addieren, multiplizieren oder verschachteln. Bei der Addition von Listen gilt Folgendes zu beachten:

Wird ein einzelnes Element oder eine Liste zu einer anderen Liste addiert, werden lediglich die einzelnen Elemente an das Ende der bestehenden Liste gehängt.

```
datensatz1 = [ "Tom", 26,1.84]
datensatz2 = ["Lisa",28,1.67]
datensatz3 = datensatz1 + datensatz2
print(datensatz3)
```

⇨ ['Tom', 26, 1.84, 'Lisa', 28, 1.67]

Es können auch einzelne Elemente angehängt werden.

```
datensatz3 = datensatz1 + ["neues Element"]
print(datensatz3)
```

⇨ ['Tom', 26, 1.84, 'neues Element']

Bei der Multiplikation mit einer Zahl n wird die bestehende Liste n-mal dupliziert und angehängt. Beispiel für n=3:

```
datensatz3 = datensatz1*3
print(datensatz3)
```

⇨ ['Tom', 26, 1.84, 'Tom', 26, 1.84, 'Tom', 26, 1.84]

## Mehrdimensionale Listen

Neben Wörtern und Variablen können die Elemente einer Liste selbst Listen sein. Diese Listen können wiederum Listen als Elemente enthalten und so weiter und so weiter.

Man spricht dabei auch von mehrdimensionalen Listen.

Um eine mehrdimensionale Liste zu erstellen, legen wir eine gewöhnliche Liste mit eckigen Klammern an. Anschließend tragen wir zwischen den Kommata eine vollständige Liste ein. Dabei ist es sinnvoll, nicht alle Listen in eine Zeile zu schreiben, sondern strukturiert untereinander in mehrere Zeilen. Dabei müssen die Zeilen eingerückt sein.

```
datensatz4 =[
 ['Tom', 26,1.84], # Erstes Element
 ['Lisa',28,1.67], # Zweites Element
 ['Kevin',34,1.78], # Drittes Element
 ]
```

Ruft man einzelne Werte der Liste ab, wird wie gewohnt das Element ausgegeben. Diesmal ist das Element eine ganze Liste, sodass auch die ganze Liste ausgegeben wird.

```
print(datensatz4[1])
    ⇨   ['Lisa', 28, 1.67]
```

Möchte man ein Element einer Unterliste, beispielsweise Kevin, abfragen, wird zunächst der Index der Unterliste und anschließend der Index des Elements angegeben.

In diesem Beispiel ist das Element Kevin in der dritten Unterliste (Index 2) und in der Liste wiederum das erste Element (Index 0).

```
print(datensatz4[2][0])
    ⇨   Kevin
```

Was gibt der Befehl print(datensatz4[0][1]) aus?
Der Index Null steht für die erste Unterliste, davon ist das Element mit dem Index 1 "26".

Was gibt der Befehl print(datensatz4[-1][:2]) aus?
Der Index -1 steht für die letzte Unterliste, davon sind die Elemente mit dem Index Null bis 1 (zwei Elemente)
['Kevin', 34].

Als Nächstes lernen wir weitere Methoden kennen, um eine Liste zu erstellen oder zu bearbeiten.

Die Befehle sind nicht unbedingt notwendig und wir können die gleiche Liste auch händisch erstellen, jedoch sparen wir uns jede Menge Zeit, wenn wir die richtige Abkürzung kennen.

## Erstellen einer Liste mit range()

Die Funktion range(x) erstellt eine Liste mit den Werten Null bis x. Der Befehl

```
liste = range(10)
```

ordnet der Liste die Werte [0,1,2,3,4,5,6,7,8,9] zu.

Dabei muss beachtet werden, dass kein Element mit dem Datentyp list (Liste) erstellt wird, sondern ein Element des Datentyps range. Im Rahmen dieses Buches ist das in der Verwendung gleichwertig. Für eine Konsolenausgabe kann eine Typumwandlung stattfinden, damit die einzelnen Elemente ausgegeben werden.

```
liste = range(10) # Typ range
print("Ausgabe als range-Element:",liste)
liste2=list(liste) #Typumwandlung in list
print("Ausgabe als listen-Element:",liste2)
```

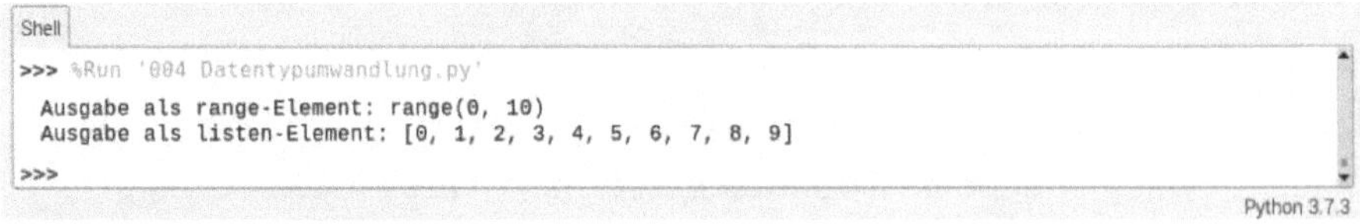


*Abbildung 54 range und list im Vergleich*

Alternativ können der range()-Funktion auch der Start- und Endwert angegeben werden.
Dabei wird der Endwert nicht mit erzeugt!

```
liste = range(3,7)
```

Gibt die Werte [3,4,5,6] an die Liste weiter. Ohne die Sieben.

Die Funktion range() wird vor allem im nächsten Kapitel (Schleifen und Bedingungen) noch von Bedeutung sein.

## 4.17. Listen bearbeiten

Mit Listen kann man nicht nur rechnen. Es gibt auch Funktionen, die das Bearbeiten von Listen erheblich vereinfachen.

Da Listen ein sehr weitverbreitetes und einfaches Werkzeug für die Datenspeicherung sind, gibt es viele Hilfsmittel zur Vereinfachung der Anwendung wie beispielsweise Methoden.

Methoden sind spezielle Funktionen, die nicht für alle Daten verwendet werden können. Der genaue Unterschied wird im Kapitel Klassen erläutert, da er für das jetzige Verständnis und die Anwendung nicht erforderlich ist.

Mit dem Befehl del zum Löschen einer Liste wurde bereits eine Methode eingeführt. Diese wurde jedoch nicht als solche gekennzeichnet.

Darüber hinaus gibt es viele weitere Methoden zur Bearbeitung einer Liste. Dazu ist es wichtig, die Methodennamen zu kennen.

Ein weiteres Element an das Ende einer Liste hinzuzufügen, ist mit dem Befehl append() möglich.

```
liste.append(‚Element‘)
```

Der Name der Liste wird gefolgt von einem Punkt und dem Methodennamen aufgerufen.

Das Element, das der Methode übergeben wird, wird an das Ende der Liste „liste“ angehängt:

```
datensatz1 = ['Tom', 26,1.84]
datensatz1.append('Fußball')
```

Das vierte Element im Beispiel ist Fußball und wird zur Liste „datensatz1“ hinzugefügt.

Darüber hinaus existieren noch weitere Methoden für die Verwendung mit dem Datentyp Liste.

Beispielsweise können einzelne Elemente gesucht oder gelöscht werden. Für das Suchen eines Elements wird der Befehl index() verwendet.

```
listenname.index('Element')
#sucht ein Element und gibt den Index zurück.
```

Der Methode wird ein Element, beispielsweise ein Wort, übergeben. Es wird anschließend die Liste durchsucht und der Index des passenden Elements als Rückgabewert der Methode index()ausgegeben.

```
print(datensatz1.index('Tom'))
```

Gibt den Wert 0 an der Konsole aus, da Tom das Element mit dem Index Null ist.

Die folgende Tabelle zeigt die häufigsten Methoden zur Verwendung in Verbindung mit Listen.

| | |
|---|---|
| *.append()* | Fügt ein Element am Ende der Liste hinzu. |
| *.clear()* | Löscht alle Elemente der Liste. |
| *.copy()* | Erzeugt eine Kopie der Liste. |
| *.count()* | Gibt die Anzahl von vorhandenen Einträgen innerhalb der Liste zurück. |
| *.extend()* | Hängt alle Elemente einer zweiten Liste an. |
| *.index()* | Gibt den Index eines gesuchten Elements zurück.<br>Wenn nicht vorhanden:<br>*liste1=list(range(10))*<br>*liste1.index(11)*<br>ValueError: 11 is not in list |
| *.insert()* | Fügt ein Element in die Liste ein. Es werden der Index und das Element übergeben, zu dem das Element hinzugefügt werden soll. Alle anderen Elemente verschieben sich um eine Position nach hinten. |
| *.pop()* | Löscht ein Element aus der Liste. Der Rückgabewert ist der gelöschte Wert. |
| *.remove()* | Löscht ein Element aus der Liste.<br>*liste1=list(range(10))*<br>*liste1.remove(5)* |

| | |
|---|---|
| *.sort()* | Sortiert die Liste den Werten nach, entweder aufsteigend (Zahlen) oder alphabetisch (strings). |
| *reverse()* | Spiegelt alle Werte einer Liste. Der letzte Wert wird zum ersten und umgekehrt. |

Weiterhin gibt es Operatoren, die auf Listen angewendet werden können. Wir können diese Operatoren vergleichen mit den +,-* und / Operatoren, die wir auf Zahlen anwenden können.

Die nachfolgende Tabelle zeigt die Aufrufe und Funktionen der Operatoren:

| | |
|---|---|
| *x in liste* | Gibt "True" aus, wenn das Element x in der Liste vorkommt, ansonsten "False". |
| *x not in liste* | Gibt "False" aus, wenn das Element x in der Liste vorkommt, ansonsten "True". |
| *len(liste)* | Gibt die Länge (Anzahl der Elemente) der Liste aus. |
| *min(liste)* | Gibt das kleinste Element zurück. |
| *max(liste)* | Gibt das größte Element zurück. |
| *sum(liste)* | Gibt die Summe der Liste zurück. |

Listen sind eine einfache und weit verbreite Vorgehensweise, um zusammenhängende, variable Daten zu speichern. Mit Listen kann man leicht rechnen und verschiedene Methoden anwenden. Eine ähnliche Art der Datenspeicherung bilden Tupel.

## 4.18. Tupel

Listen enthalten stets variable Daten, was das Arbeiten mit ihnen sehr angenehm macht. Jedoch belegen diese variablen Daten auch zusätzlichen Speicherplatz. Zudem muss immer mehr Speicherplatz freigehalten werden, als zunächst benötigt, falls sich die Variable ändert und größer wird.

Wenn wir jedoch nur unveränderliche Werte haben, verwenden wir statt der Listen sogenannte Tupel. Tupel verhalten sich sehr ähnlich zu Listen, jedoch können die Werte der Elemente nicht verändert werden. Um ein Tupel zu erstellen, werden die eckigen Klammern der Liste weggelassen. Die Kommata trennen weiterhin die Elemente voneinander.

```
tupel = "Tom", 26, 1.84
```

Die Elemente können wie bei Listen durch Nennen des Index abgerufen werden.

```
print(tupel[0]) # gibt Tom aus.
```

Jedoch kann man die Werte nicht überschreiben oder löschen.

Möchte man beispielsweise ein Element mit dem del-Befehl löschen, wird ein Error ausgegeben, dass die Tupel diesen Befehl nicht unterstützen.

```
del tupel[2]
```

Ein Löschen ist also nicht möglich.

Allerdings lassen sich weitere Elemente hinzufügen. Dazu wird, wie bei Listen, das Pluszeichen verwendet.

Zu beachten ist jedoch, dass zu einem Tupel keine Listen oder Wörter, sondern lediglich ein anderes Tupel addiert werden kann.

```
tupel1 ='Tom', 26, 1.84
tupel2 = 'männlich', 'Fußball'
tupel3 = tupel1+tupel2
```

Wie immer kommt es auf den konkreten Anwendungsfall an, ob Listen oder Tupel zu bevorzugen sind. Das bringt uns auch zur dritten, sehr ähnlichen Art der Datenspeicherung, den Dictionaries. Diese sind auch für gewisse Anwendungsbereiche extrem nützlich.

## 4.19. Dictionaries

Nachdem die Handhabung von Listen und Tupeln erläutert wurde, wird nachfolgend eine weitere, sehr ähnliche Variante zur Datenstrukturierung behandelt: die Dictionaries.

Listen sind uns mittlerweile vertraut. Der große Nachteil von Listen ist, dass der Benutzer wissen muss, wofür welcher Index steht.

Im Beispiel unseres Datensatzes von Tom wurde festgelegt, dass der Index Null für den Namen steht, Index 1 für das Alter und Index 2 für die Größe.

```
datensatz1 = ['Tom',26,1.84]
```

Es wäre deutlich geschickter, wenn man statt eines Index einen Suchbegriff angeben könnte. Beispielsweise anstatt des Index „Null" den Suchbegriff name.

Aus dieser Problemstellung sind Dictionaries, zu Deutsch Wörterbücher, entstanden. Sie sind sehr ähnlich aufgebaut wie eine Liste, erfüllen jedoch unsere Vorgabe und übersetzen den Index in einen Suchbegriff (key).

Dictionaries beinhalten Schlüsselbegriffe (keys) und Werte (values). Die keys sind in der Regel Zeichenketten.

Als Beispiel legen wir wieder die gleiche Personendatei an. Die keys und values werden in geschweifte Klammern gesetzt und mittels eines Doppelpunktes einander zugeordnet. Die Wertepaare werden mit Kommata getrennt.

```
person1= {'Name':'Tom','Alter':'26','Größe':'1,84'}
```

Hierbei sind Name, Alter und Größe die Schlüssel und Tom, 26 und 1,84 die Werte.

Anstatt (wie bei Listen) den Index anzugeben, kann der gewünschte Wert über den Schlüssel abgerufen werden.

```
print(person1['Name'])
print(person1['Alter'])
```

*Abbildung 55 Ausgabe der values*

Die Verwendung von Dictionaries bietet sich aufgrund des logischen Zusammenhangs zwischen den keys und den values an.

Auch gibt es viele Hilfsfunktionen für Dictionaries. Man kann, wie bei Listen, bestimmte Elemente löschen, anhängen oder einfügen.

Mit person1.keys() können alle Schlüssel ausgegeben werden.

Mit person1.values() können alle Werte ausgegeben werden.

Mit person1.items() können alle enthaltenen Schlüssel und die dazugehörigen Werte ausgegeben werden.

```
Shell
>>> %Run '002 Dictionary.py'
 dict_keys(['Name', 'Alter', 'Größe'])
 dict_values(['Tom', '26', '1,84'])
 dict_items([('Name', 'Tom'), ('Alter', '26'), ('Größe', '1,84')])
>>>
```

*Abbildung 56 Textausgabe person1.items()*

## 4.20. if-Bedingung

Die „Wenn-dann"-Anweisung wird nur ausgeführt, wenn eine Bedingung erfüllt ist. Die Bedingung wird nach dem Signalwort „if" angeführt. Das Wort „dann" wird sozusagen durch einen Doppelpunkt ersetzt.

```
if x > 4:
```

Es ist wichtig zu verstehen, dass die Bedingung „auf Wahrheit" geprüft wird. Wer selbst merkt, dass er hierbei noch Verständnisprobleme beim Interpretieren von „True/False"-Aussagen hat, sollte noch einmal die Operatortabelle aus dem Kapitel Operatoren anschauen.

Alle Anweisungen, die ausgeführt werden, wenn die Bedingung erfüllt ist, werden beim Schreiben in der Zeile eingerückt. Das kann durch die Tabulatortaste oder mehrere Leerzeichen realisiert werden. In jedem Fall sollte man es einheitlich halten.

| **Richtig - eingerückt** | **Falsch – nicht eingerückt** |
|---|---|
| *if x > 4 :*<br>    *print("Die Zahl ist größer als 4")* | *if x > 4 :*<br>*print("Die Zahl ist größer als 4")* |

Ist die Bedingung erfüllt, wird der eingerückte Programmcode ausgeführt.

Ist die Bedingung nicht erfüllt, wird die if-Anweisung übersprungen und das Programm wird nach dem eingerückten Text fortgesetzt.

Wenn wir alternative Anweisungen integrieren wollen, die ausgeführt werden sollen, wenn die Bedingung nicht erfüllt ist, verwenden wir den else-Befehl.

Möchten wir nicht nur zwei, sondern mehrere Bedingungen abfragen, funktioniert das mit der Erweiterung elif (Abkürzung für else-if). Dabei können wir beliebig viele elif-Szenarien einfügen, jedoch immer nur ein if- und ein else-Szenario.

Else und elif sind optional bei einer if-Anweisung:

```
temp1 = eval(input('Temperatur eingeben')) #Eine Variable wird eingelesen
if temp1==20:              #Wenn temp1 den Wert 20 besitzt
  print('Die Temperatur beträgt 20 °C')
elif temp1 == 25:          #Wenn temp1 den Wert 25 besitzt
  print('Die Temperatur beträgt 25 °C')
elif temp1 == 30:          #Wenn temp1 den Wert 30 besitzt
  print('Die Temperatur beträgt 30 °C')
else:                                   #In allen anderen Fällen
  print('Die Temperatur beträgt weder 20, noch 25, noch 30 °C')
```

Die if-Bedingung kann auch in Verbindung mit einem string eingesetzt werden.

```
x='hallo'
if x == 'hallo':
  print(" Hallo Welt") # wenn die Var. x die Zeichenkette „Hallo“ enthält
else:
  print("Tschüss")
```

Die if-Bedingung benötigt zur Ausführung eine wahre Aussage. Das können wir, wie im obigen Beispiel, durch eine Abfrage realisieren. Alternativ reicht eine Variable, die bereits einen booleschen Wert (*0* oder *1* bzw. *True* oder *False*) besitzt.

```
x = True
if x:
  print("x ist wahr")
else:
  print("x ist falsch")
```

Im Beispiel ist x auf "True" gesetzt, daher wird „x ist wahr“ ausgegeben.

Wenn kein Vergleichsoperator verwendet wird, wird jede Zahl ungleich Null als wahr interpretiert. Lediglich die Null selbst wird als falsch interpretiert.

```
x = 3 # 3 wird als True interpretiert
if x:
  print('x ist wahr')
else:
  print('x ist falsch')
```

⇨ „x ist wahr"

Prüfe selbst: Wann ist die if-Bedingung erfüllt und wann nicht?

```
If 3 > 5 :
if 3 < 5 :
if 3 :
if 0  :
if not 3 :
if 2==2  :
If (4>2) and (3<1) :
```

Lösung:

1. Nicht erfüllt. Da 3 kleiner als 5 ist, wird das if-Statement nicht ausgeführt.
2. Erfüllt. 3 ist kleiner als 5, daher wird das if-Statement ausgeführt.
3. Erfüllt. 3 ist eine Zahl ungleich Null, daher wird sie als „wahr" interpretiert und das if-Statement wird ausgeführt.
4. Nicht erfüllt. Die Zahl Null wird als „falsch" interpretiert und das if-Statement wird nicht ausgeführt.
5. Nicht erfüllt. Die Zahl drei wird als wahr interpretiert, jedoch negiert, daher wird das if-Statement nicht ausgeführt.
6. Erfüllt, denn 2==2 ist ein wahres Ergebnis.

Achtung, hier muss „==“ zur Prüfung einer wahren Aussage verwendet werden. Der Operator „=“ ist eine Zuweisung, keine Prüfung. If 2=2 würde ein Error (invalid syntax) ergeben. Ein häufiger Fehler!

7. Nicht erfüllt. Da sowohl 4 größer als 2 und 3 kleiner als 1 sein müsste, wird das if-Statement nicht ausgeführt.

## 4.21. Schleifen und Bedingungen

Schleifen und Bedingungen sind Hilfswerkzeuge, um ein Programm übersichtlicher und effizienter zu steuern. Mithilfe von Schleifen kann man bestimmte Programmabschnitte wiederholen.

Bedingungen können verwendet werden, um Programmteile unter bestimmten Voraussetzungen zu überspringen oder ausführen zu lassen. Damit ist das Programm in der Lage, auf verschiedene Ereignisse mit unterschiedlichen Reaktionen zu antworten.

Eine der wichtigsten Anweisungen für das Programmieren ist die if-Bedingung. Sie ist in fast allen Programmiersprachen vorhanden und ein wesentliches Werkzeug mit vielen Möglichkeiten.

## 4.22. While-Schleife

Schleifen werden benötigt, um Rechenoperationen wiederholt auszuführen. Das kann zeitlich vorgegeben sein, beispielsweise wenn man alle 15 Minuten die Raumtemperatur messen möchte. Schleifen können auch innerhalb von Bruchteilen einer Sekunde erfolgen, wenn beispielsweise eine künstliche Intelligenz einzelne mathematische Aufgaben löst.

Die Struktur der while-Schleife ist analog zur if-Bedienung. Die while-Schleife wird durch den Schlüsselbegriff while eingeleitet. Anschließend wird die Bedingung angegeben. Dahinter wird mit einem Doppelpunkt abgeschlossen.

Die auszuführenden Befehle werden wiederum eingerückt.

```
while temp1 > 20:
        print("Die Temperatur ist größer als 20 °C")
```

Zunächst ist kein Unterschied zur if-Abfrage zu sehen. Jedoch fragt eine if-Abfrage nur ein einziges Mal, ob die Bedienung erfüllt ist.

Eine while-Schleife läuft immer weiter, bis die Bedingung “falsch“ wird. Die Schleife kann auch unendlich laufen, wenn die Bedingung logisch immer erfüllt wird.

Wenn innerhalb der while-Schleife die zu prüfende Bedingung nicht verändert wird, läuft sie unendlich weiter.

So auch im nachfolgenden Beispiel. Die Variable temp1 wird nicht verändert. Ist die Variable größer als 20, würde es eine Endlosschleife geben.

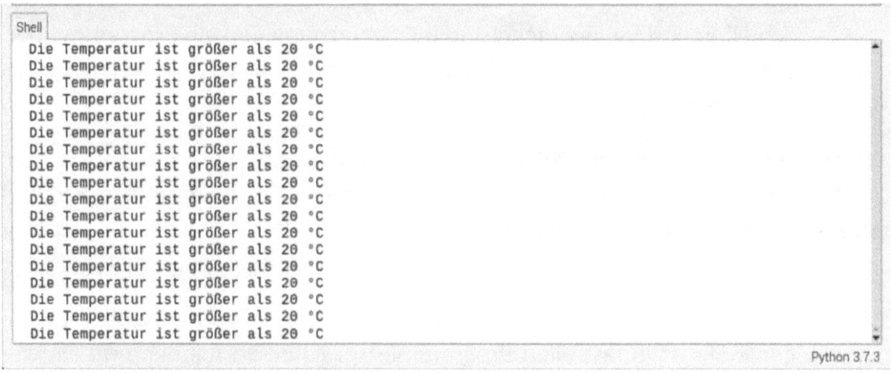
Shell

```
Die Temperatur ist größer als 20 °C
Die Temperatur ist größer als 20 °C
Die Temperatur ist größer als 20 °C
Die Temperatur ist größer als 20 °C
Die Temperatur ist größer als 20 °C
Die Temperatur ist größer als 20 °C
Die Temperatur ist größer als 20 °C
Die Temperatur ist größer als 20 °C
Die Temperatur ist größer als 20 °C
Die Temperatur ist größer als 20 °C
Die Temperatur ist größer als 20 °C
Die Temperatur ist größer als 20 °C
Die Temperatur ist größer als 20 °C
Die Temperatur ist größer als 20 °C
Die Temperatur ist größer als 20 °C
Die Temperatur ist größer als 20 °C
Die Temperatur ist größer als 20 °C
Die Temperatur ist größer als 20 °C
```

Python 3.7.3

*Abbildung 57 Endlosschleife, da die Prüfvariable niemals verändert wird*

Abbrechen lässt sich die Endlosschleife über STRG+C.

Abhilfe lässt sich zum Beispiel dadurch schaffen, indem die Variable innerhalb der Schleife verändert wird.

```
while temp1 > 20:
        print('Die Temperatur ist größer als 20 °C')
        temp1= eval(input('Wie viel Grad sind es momentan?'))
```

In diesem Beispiel wird der Benutzer innerhalb der Schleife aufgefordert, eine neue Temperatur einzugeben. Ist die eingegebene Temperatur 20 °C oder geringer, wird die Schleife bei der nächsten Abfrage nicht mehr durchlaufen. Oftmals wird in Verbindung mit einer while-Schleife auch eine Zählvariable verwendet. Dabei handelt es sich um eine Variable, meist i, ii oder j, die pro Durchlauf um eins erhöht wird.

Mithilfe der Zählvariablen kann die Anzahl der Durchgänge erfasst und eine Abbruch-Bedingung eingeführt werden. Beispielsweise wird die Schleife abgebrochen, wenn die Zählvariable über einen bestimmten Wert steigt.

```
i =1          # Zählvariable
while i < 10: # Es sollen insgesamt 9 Durchläufe stattfinden (1–9)
  print("Durchlauf Nummer:",i)
  i=i+1
```

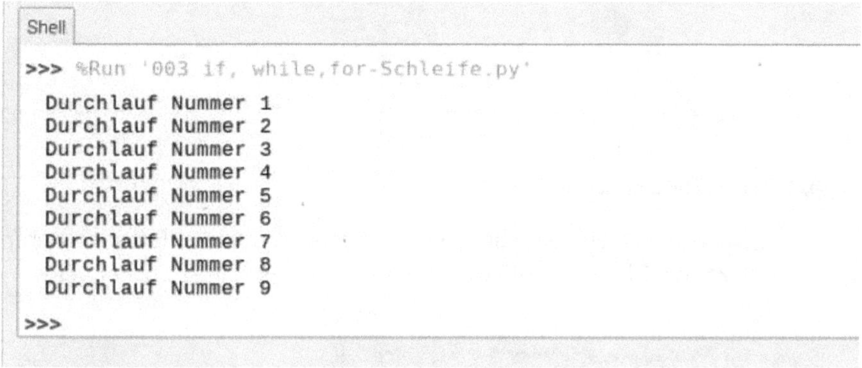


*Abbildung 58 Die Schleife wird neunmal durchlaufen*

## 4.23. Die for-Schleife

Prinzipiell kann man eine for-Schleife durch eine while-Schleife ersetzen und umgekehrt. Je nach Aufgabenstellung ist es jedoch sinnvoll, den passenden Schleifentyp zu verwenden.

For-Schleifen werden vor allem in Kombination mit Listen und anderen Objekten, die mehrere Elemente enthalten, verwendet. Dabei wird jedes Element geprüft. Sobald die for-Schleife keine passenden Elemente mehr finden kann, wird die Schleife abgebrochen. Der Aufbau ist dabei wieder analog zur if-Abfrage und zur while-Schleife

```
automarken = ['VW','Audi','Porsche','BMW','Skoda']
for x in automarken:  # Solange ein Element vorhanden ist
        print(x)              # Wird es ausgegeben
```

Bei der for-Schleife ist das Signalwort for. Anschließend geben wir eine beliebige Variable an. Danach folgt das Signalwort *in* sowie die Liste bzw. die Sequenz von Elementen.

Solange ein Element vorhanden ist, ist die Bedingung erfüllt. Das Element der Liste wird in der Variablen x gespeichert. Im anschließenden Durchlauf wird das nächste Element geprüft.

Die Ausgabe sieht insgesamt aus wie folgt:

```
Shell
>>> %Run '003 if, while,for-Schleife.py'

  VW
  Audi
  Porsche
  BMW
  Skoda

>>>
```

*Abbildung 59 Ausgabe aller Listenelemente*

Wenn eine Schleife eine bestimmte Anzahl an Durchläufen absolvieren soll, kann mithilfe der Funktion range() eine passende Liste erstellt werden.

```
for n in range(10):        # 10 Durchläufe mit den Elementen 0–9
    print (n)
```

```
Shell
>>> %Run '003 if, while,for-Schleife.py'
  0
  1
  2
  3
  4
  5
  6
  7
  8
  9
>>>
```

*Abbildung 60 Ausgabe der Liste range(10)*

Die Funktion range(10) erstellt eine Liste von Null bis zur angegebenen Zahl [0,1,2,3,4,5,6,7,8,9]. Die angegebene Zahl wird dabei ausgeschlossen.

Diese Liste wird an die for-Schleife übergeben. Die for-Schleife arbeitet die Elemente ab. Deshalb finden insgesamt zehn Durchläufe (0–9) statt.

## 4.24. Abbrechen mit break()

Wir haben gelernt, wie man Schleifen und Bedingungen einsetzt und verschiedene Fälle abfängt.

Oftmals möchten wir eine Schleife jedoch nicht vollständig ausführen, sondern vorzeitig abbrechen.

Das einfachste Beispiel hierfür ist ein Suchalgorithmus. Dieser durchläuft eine Liste, bis er das passende Element gefunden hat.

Danach soll er jedoch nicht weitersuchen, sondern die Schleife abbrechen.

Das Abbrechen einer Schleife, Funktion oder Bedingung kann mit dem Signalwort *break* realisiert werden. Sobald dieses innerhalb einer Schleife auftaucht, wird sie abgebrochen.

```
automarken = ['VW','Audi','Porsche','BMW','Skoda']
suche = input('Welche Marke soll gesucht werden?')
for n in automarken:
  if n == suche: # Wenn das passende Element gefunden wurde
    print('Die Marke wurde gefunden')
    break              # Schleife wird abgebrochen
  print(n)             #Ansonsten wird die Marke ausgegeben
```

Zunächst wird die Liste automarken angelegt und der for-Schleife übergeben. Diese vergleicht das aktuelle Element der Liste mit der gewünschten Eingabe. Bei einem Treffer (if n == suche) wird die for-Schleife abgebrochen. Ansonsten läuft sie immer weiter und gibt alle Elemente der Liste aus.

# 5. Starten mit dem Raspberry PI

Wir haben bereits Raspbian auf unsrem Raspberry Pi installiert und wissen, wie man Python-Programme erstellt und auf dem Pi ablaufen lässt.

Als Nächstes sehen wir uns drei Projekte an, mit denen wir den Umgang mit verschiedenen Peripheriegeräten erlernen. Auch das Installieren und die Verwendung von alternativen Betriebssystemen wird in einigen Projekten angesprochen.

Zuvor schauen wir uns einige Dinge an, die man vor den ersten Projekten beachten sollte.

## 5.1. Dinge, die man vor dem Start beachten muss

### Berührung vermeiden

Den ersten Punkt haben wir bereits in einem früheren Kapitel angesprochen. Durch Reibung, beispielsweise an der Kleidung oder den Schuhen am Boden, kommt es zu elektrostatischer Teilentladung. Dadurch kann sich der menschliche Körper im Verhältnis zum Erdpotenzial auf mehrere Tausend Volt aufladen.

Bevor man ein Projekt mit dem Raspberry Pi angeht, ist es empfehlenswert, sich zu entladen. Das ist möglich, indem man etwas Leitfähiges anfasst, was direkt mit dem Erdpotenzial verbunden ist, beispielsweise eine offene Stelle eines Heizkörpers oder einer Wasserleitung.

In jeder Steckdose sind außerdem Schutzkontakte angebracht, die ebenfalls auf Erdpotenzial liegen. Aus Sicherheitsgründen wird Laien ausdrücklich davon abgeraten, diese zu berühren, um statische Aufladung loszuwerden.

Alternativ gibt es sogenannte ESD-Bänder oder ESD-Matten, die am Körper getragen werden, sicher in die Steckdose gesteckt werden können und direkt mit den Schutzkontakten verbunden sind. ESD steht dabei für elektrostatische Entladung (electrostatic discharge).

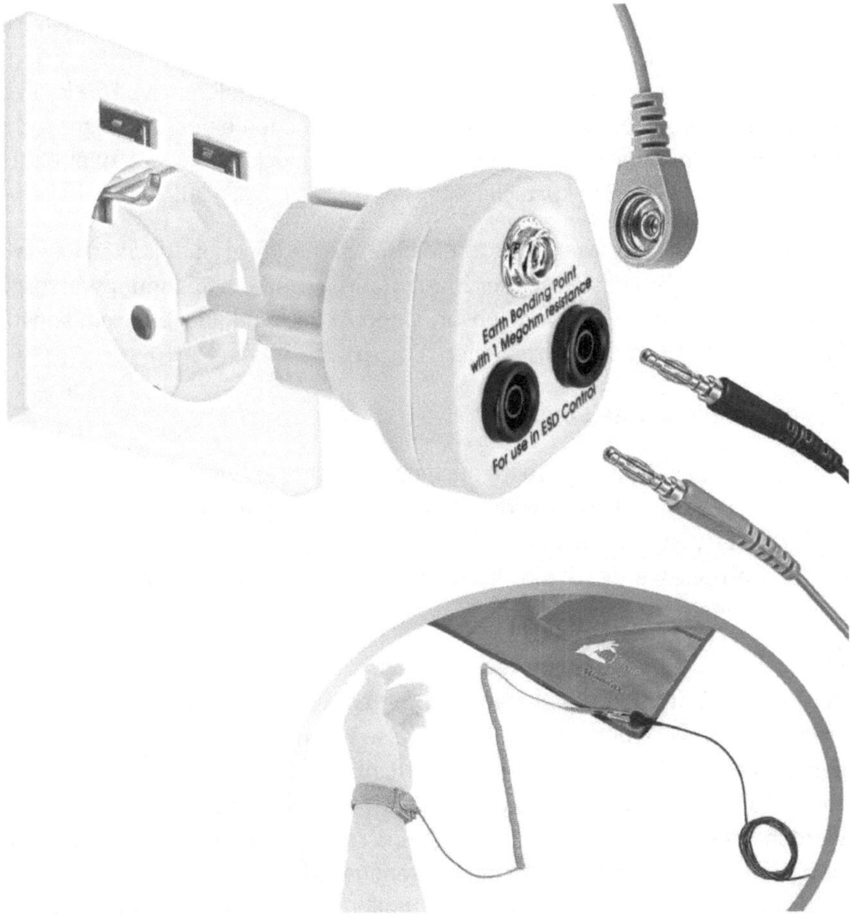


*Abbildung 61 Erdungsset / Erdungsmatte*

Normalerweise hat der Raspberry Pi selbst Schutzeinrichtungen gegen elektrostatische Entladungen. Die ESD-Prüfung ist Teil der VDE-Norm, die jedes elektronische Gerät im europäischen Binnenraum erfüllen muss. Zu 99 % wird der Pi auch bei einer Entladung keinen Schaden nehmen.

Dennoch kann es unter ungünstigen Umständen trotzdem dazu kommen, dass der Pi Schaden nimmt. Oftmals bemerkt man nur, dass der Pi „plötzlich" nicht mehr funktioniert. Die meisten Laien kämen nicht einmal auf die Idee, dass der Pi vielleicht defekt ist, weil man sich nicht geerdet hat.

Deshalb empfiehlt sich der Griff an eine geerdete Stelle, vor allem wenn man Schuhe oder Kleidung wie Pullover trägt, die leicht zu einer Aufladung führen können.

Aber nicht nur durch ESD-Entladungen kann der Pi Schaden nehmen. Auch wenn man durch Berührung einen Kurzschluss verursacht, während der Pi in Betrieb ist, kann das zu dauerhaften Schäden bis zum Totalausfall führen. Das kann beispielsweise bereits passieren, wenn man aus Versehen einen der angebrachten Aluminium-Kühlkörper verschiebt und dieser unglücklicherweise zwei Bauteile oder Pins auf der Platine kurzschließt.

Deshalb ist es wichtig, wenn wir in einer Weise an unserem Raspberry Pi arbeiten, den Pi vorher vollständig herunterzufahren, und die Spannungsversorgung zu entfernen, um etwa einen Sensor, einen Aktor, ein Kabel oder ein sonstiges Bauteil anzubringen oder abzuziehen.

## Pi vor Überhitzung schützen

Bei den Projekten sollte auch darauf geachtet werden, dass der Pi ausreichend gekühlt werden kann. Wie wichtig die Kühlung für den Raspberry ist und wie dadurch sowohl die Leistung als auch die Lebensdauer erhöht werden kann, haben wir ebenfalls in den Grundlagen besprochen.

Dennoch kann eine Ungeschicklichkeit dazu führen, dass der Pi trotz ausreichender Kühlung überhitzt. Das kann vorkommen, wenn die Lüftungsschlitze durch Fremdpartikel verstopft sind, beispielsweise wenn der Pi in einer sehr schmutzigen Gegend wie in einer Lagerhalle oder einem Stall verwendet wird. In solchen Fällen kann die Luft nicht zirkulieren, weshalb die Hitze nicht abtransportiert werden kann. Ein Hitzestau kann auch entstehen, wenn die natürliche Konvektion der Luft blockiert wird. Damit ist gemeint, dass warme Luft leichter ist als kalte. Dieses Phänomen wird in Heißluftballons verwendet und führt beim Pi automatisch dazu, dass er sich teilweise von selbst kühlen kann, denn die warme Luft steigt automatisch auf und kalte Luft strömt nach. Dieser selbstkühlende Effekt wird auch als Kamineffekt bezeichnet. Dieser Effekt wird unterbunden, wenn wir den Raspberry beispielsweise kopfüber verwenden, indem wir ihn als LED-Steuerung oder WLAN-Router an der Decke befestigen.

Bei jedem Projekt ist daher darauf zu achten, dass ein konstanter, kühlender Luftstrom gewährleistet ist.

## Die richtige Hardware finden

Der letzte Tipp ist relativ banal, dennoch passiert dieser Fauxpas den meisten Anfängern. Mittlerweile gibt es über zehn verschiedene Raspberry Pi Modelle. Vom Pi 1 über den Pi 3 B, Pi 3 B+ bis zum Raspberry Pi Zero.

Deshalb ist es wichtig, bei der Bestellung von Gehäuse, Kits oder Erweiterungsplatinen zu überprüfen, ob die Teile mit unserem Pi kompatibel sind.

Oftmals sucht man bei verschiedenen Online-Händlern ein passendes Set oder Bauteil für den eigenen Einsatz und achtet dabei nicht darauf, ob es für den gewünschten Raspberry Pi geeignet ist. Oftmals sind die Teile kompatibel. Beispielsweise sind beinahe alle Sensoren und Aktoren standardisiert und die Pinbelegung der Pi-Modelle sind weitestgehend kompatibel gehalten. Vor allem jedoch bei Gehäusen, Lüftern und anderer entsprechender Hardware hat sich in den letzten Generationen viel getan, sodass eine Kompatibilität nicht immer gegeben ist.

Damit der Spaß nicht beim Auspacken der bestellten Teile dahin ist, empfiehlt es sich, penibel auf die angegebene Kompatibilität zu achten, gegebenenfalls noch einmal beim Hersteller nachzufragen, ob das Bauteil mit dem gewünschten Pi zusammenpasst.

Wenn man mit dem Raspberry herumspielt, kommt es oftmals vor, dass man den Pi von einem anderen Computer aus steuern möchte. Oftmals steckt man einen Bildschirm, eine Tastatur und eine Maus an den Raspberry Pi an und richtet den Pi ein, als Steuerung für ein Projekt, als privater Server, Netzwerkspeicher oder Ähnliches. Auch wenn man einen kleinen Roboter oder eine Wetterstation mit dem Pi aufbaut, möchte man zum Ändern von Parametern nicht jedes Mal externe Hardware anschließen.

Deshalb schauen wir uns im nächsten Abschnitt an, wie man den Pi über das Netzwerk steuern kann. Dabei verwenden wir eine gesicherte Verbindung.

Der Fernzugriff muss einmalig einstellt werden, wofür eine Maus, Tastatur und Bildschirm benötigt werden.

Nach der einmaligen Einrichtung des Fernzugriffs wird keine Tastatur, Maus oder Bildschirm mehr benötigt.

## 5.2. Einrichten einer Remote-Verbindung via SSH

SSH steht für Secure Shell und ist ein Netzwerkprotokoll, sodass wir über externe Computer verschlüsselt auf den Pi zugreifen und ihn steuern können.

Dazu gibt es zwei Möglichkeiten. Die einfache Methode ist, auf das Raspberry-Symbol zu klicken und anschließend unter *Einstellungen* und anschließend zu *Schnittstellen* zu navigieren. Dort kann SSH aktiviert werden.

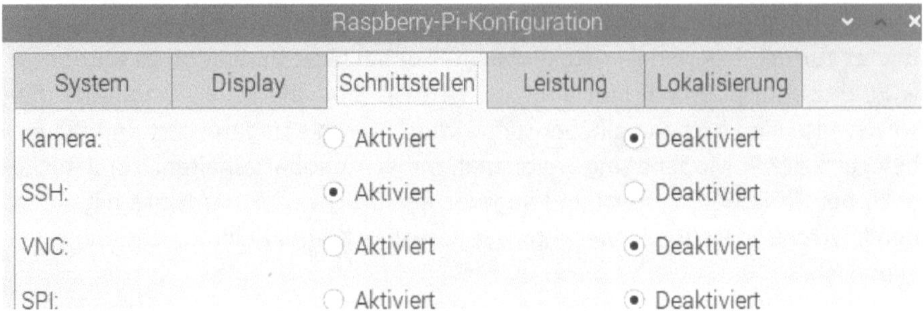


*Abbildung 62 SSH-Schnittstelle aktivieren*

Alternativ kann der SSH-Zugriff auch direkt über ein Konsolenbefehl aktiviert werden.

Dazu öffnen wir die Konsole und geben den Befehl ein:

```
sudo rasppi-config
```

Es öffnet sich ein Fenster, in dem wir grundlegende Einstellungen des Raspberry Pi ändern können. Unter dem Punkt *3 Interface Options* können wir den SSH-Zugriff erlauben.

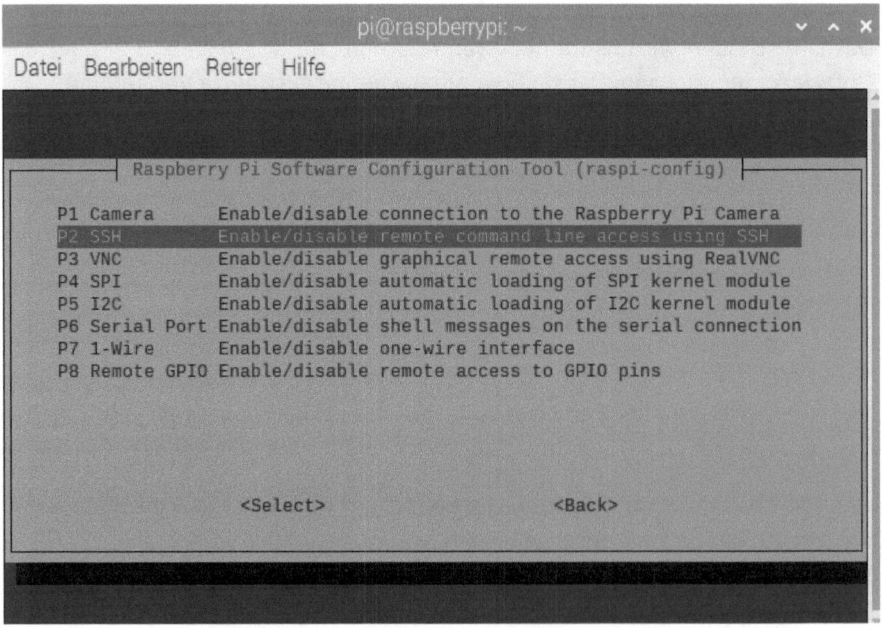


*Abbildung 63 SSH-Schnittstelle über die Konsole aktivieren*

Bei der Aktivierung wird noch einmal darauf hingewiesen, dass ein schwaches Passwort ein großes Sicherheitsrisiko darstellt. Falls man das Passwort noch nicht bei der Einrichtung geändert hat, kann man es auch unter *1 System Options* ändern.

Nachdem der SSH-Zugriff aktiviert wurde, können wir den Zugriff testen. Zuvor benötigen wir jedoch noch die IP-Adresse des Raspberry Pi. Diese erhalten wir, wenn wir in der Konsole den Befehl

```
ifconfig
```

eingeben.

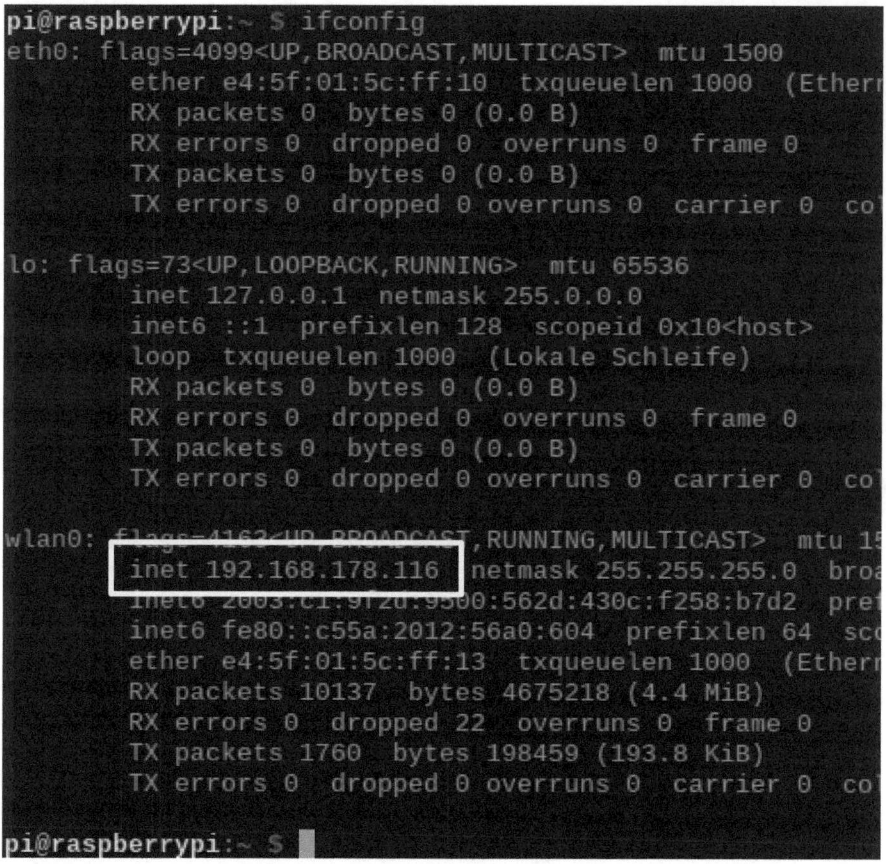


*Abbildung 64 Anzeigen der IP-Adresse des Raspberry Pi*

Alternativ erhalten wir die IP-Adresse, indem wir uns in unseren Router einloggen. Unser Raspberry Pi erscheint mit seiner IP-Adresse. Dort können wir auch einstellen, dass der Raspberry stets die gleiche IP-Adresse bekommt. Wenn wir dies nicht tun, ändert sich die IP-Adresse regelmäßig und wir müssen sie gegebenenfalls neu abfragen.

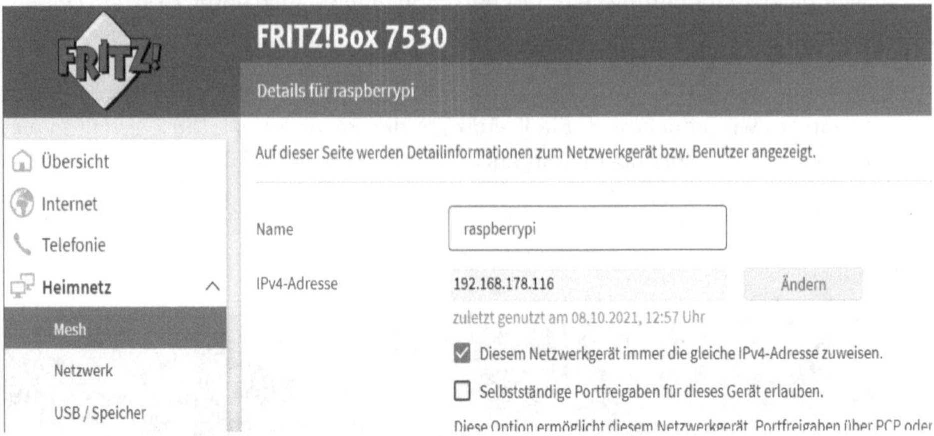


*Abbildung 65 Anzeigen der IP-Adresse des Raspberry Pi in der Benutzeroberfläche des Routers*

Nun haben wir alle Daten, die wir für das Testen des Fernzugriffs benötigen. Dazu benötigen wir eine Software, um von einem anderen Computer auf den Raspberry zugreifen zu können.

Die populärste Software unter dem Windows-Betriebssystem ist das Programm **Putty**. Das kostenfreie Programm kann unter https://www.putty.org/ heruntergeladen und installiert werden.

Anschließend öffnet sich ein Fenster, das Daten für den Fernzugriff benötigt. Dort tragen wir die IP-Adresse des Raspberry ein. Wir können die IP-Adresse für das nächste Mal speichern, indem wir der Verbindung einen Namen vergeben und auf Save klicken.

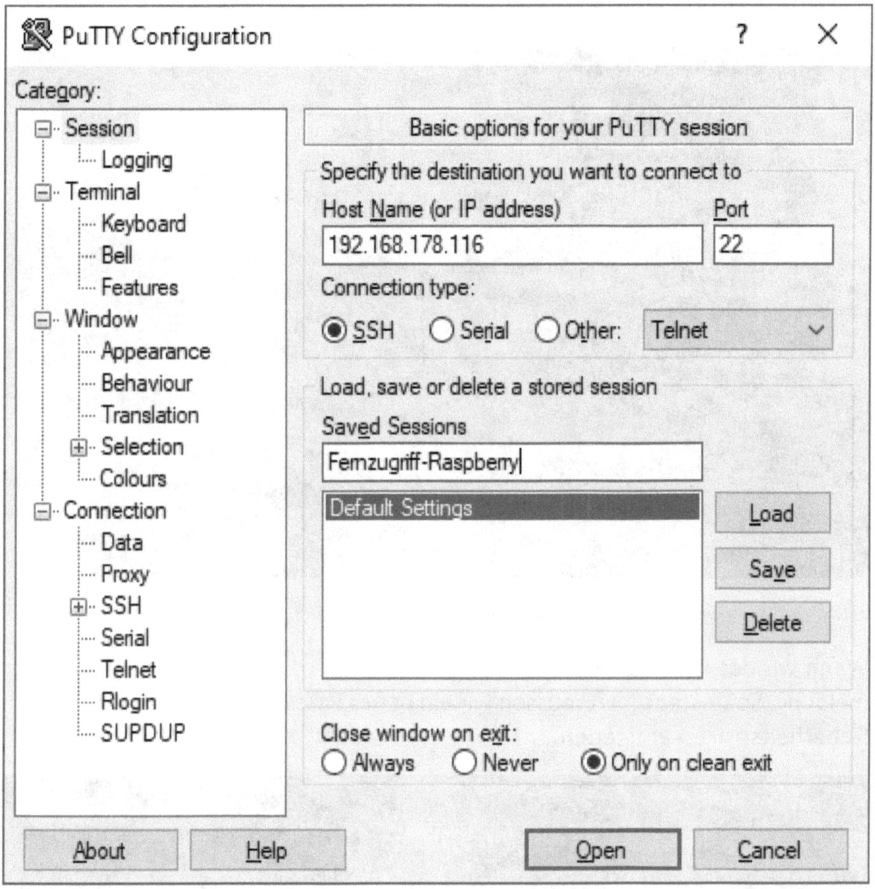


*Abbildung 66 Einstellungen in Putty eintragen*

Anschließend öffnen wir den Kanal über den Open-Button.

Es öffnet sich ein Konsolenfenster, das zunächst nach dem Benutzernamen fragt. Dieser ist standardmäßig *pi.* Anschließend geben wir das Passwort ein.

Standardmäßig lautet es *raspberry*.

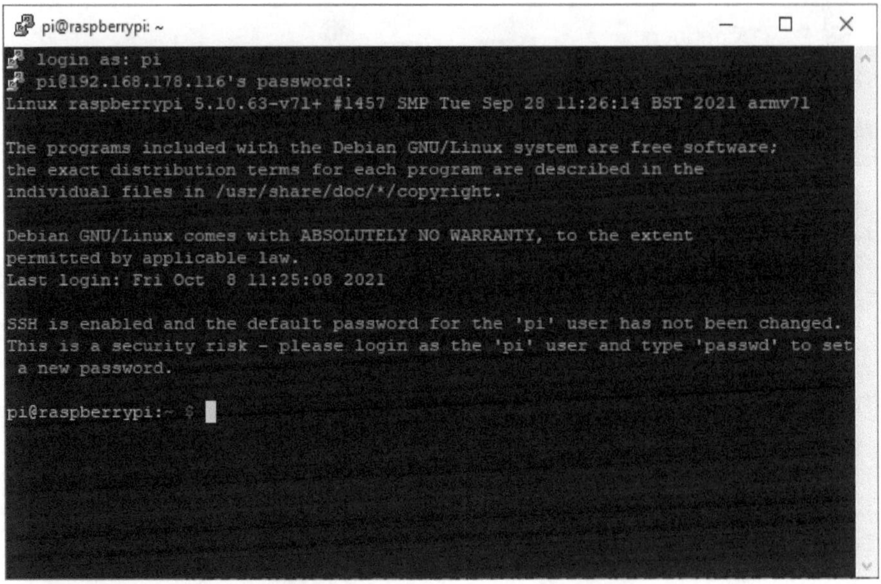


*Abbildung 67 Bemerkung, dass das Passwort noch nicht geändert wurde*

Wenn wir das Passwort noch nicht geändert haben, erscheint eine Sicherheitsmeldung. Spätestens jetzt müssen wir ein neues Passwort vergeben, damit keine Sicherheitsrisiken entstehen.

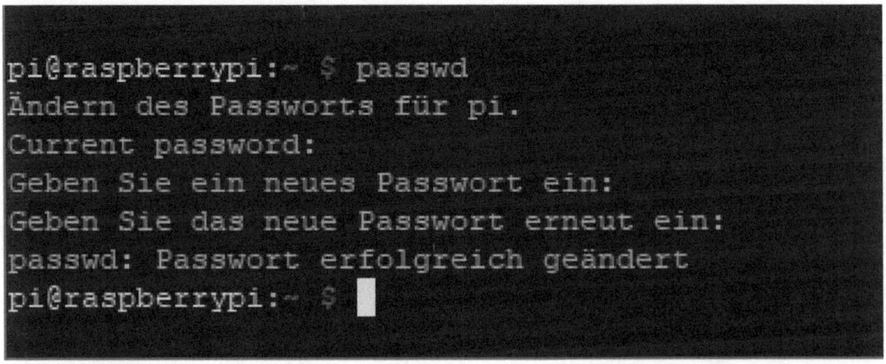


*Abbildung 68 Passwortänderung über die Konsole*

Wir haben den Fernzugriff erfolgreich eingestellt. Über das Konsolenfenster können wir alle Befehle an den Pi senden, die wir auch manuell in einem Konsolenfenster direkt auf dem Pi eintippen können. Beispielsweise können wir den Pi mit dem gewohnten Befehl

```
sudo apt-get update
```

auf den neusten Stand bringen.

Wir können durch die verschiedenen Pfade browsen oder Programme starten.

Auch ein Neustart mittels

```
sudo reboot
```

ist möglich.

Dabei ist darauf zu achten, dass nach einem Reboot die Verbindung abbricht. Wenn der Pi neu startet, wird die SSH-Verbindung automatisch beendet, und wir müssen uns nach dem Neustart erneut verbinden.

## 5.3. Remote Daten übertragen mit FileZilla

Der Raspberry Pi agiert als Server, auf den wir über Programme wie Putty zugreifen können. Wenn wir Daten auf unseren Server übertragen wollen, bieten sich andere Programm wie **FileZilla** an. Dabei handelt es sich ebenfalls um ein kostenfreies Programm, das unter *https://filezilla-project.org/* heruntergeladen werden kann und sich mittels SSH-Verbindung mit unserem Server verbindet. Der Port ist dabei auf 22 einzustellen (genau wie bei Putty), denn der Port 22 ist standardmäßig für die SSH-Verbindung reserviert.

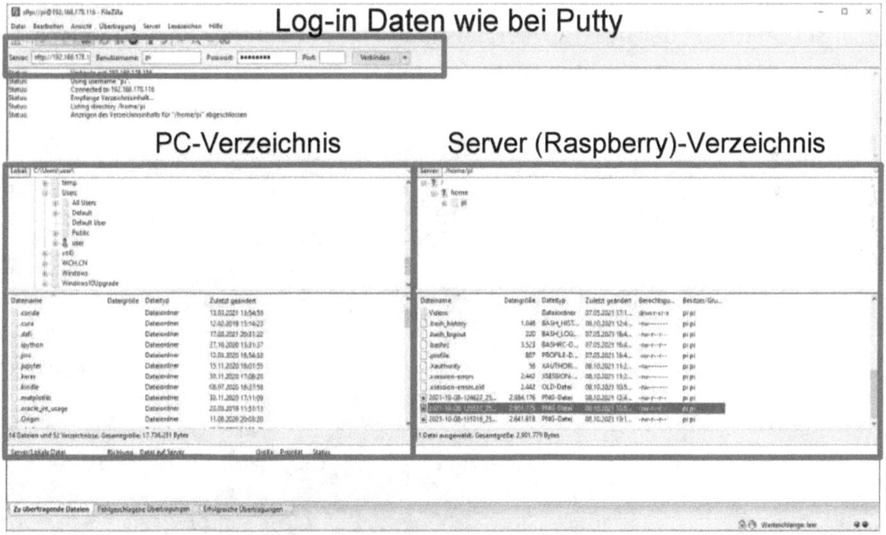


*Abbildung 69 Überblick FileZilla*

Beispielhaft können Dokumente, Bilder oder andere Dateien per Drag-and-Drop von einem PC auf den Raspberry Pi übertragen oder auch umgekehrt von unserem Raspberry Pi auf den PC kopiert werden.

Es existieren noch weitere Programme, die mittels SSH auf einen Server zugreifen können. Mit Putty und FileZilla haben wir jedoch die beiden gängigsten Programme mit allen notwendigen Funktionen abgedeckt.

Als Nächstes schauen wir uns noch an, wie man Daten bearbeiten kann.

## 5.4. Dateien bearbeiten mit Nano

Wie wir über ein Netzwerk auf den Raspberry zugreifen können, wissen wir bereits. Oftmals wollen wir dabei auch Dateien, beispielsweise einen Programmcode, bearbeiten. Theoretisch können wir die Datei auf unserem externen Rechner schreiben und anschließend mittels FileZilla auf den Pi übertragen. Eine einfache Methode bietet der in Linux integrierte Konsolenbefehl *nano*. Nano können wir uns wie ein Textverarbeitungsprogramm vorstellen, das über die Konsole ausgeführt wird.

Um den Befehl nano zu verwenden, stellen wir zunächst ein Remote-Terminal über Putty her. Nachdem wir eingeloggt sind, navigieren wir auf unseren Desktop. Das ist über den Befehl *cd Desktop* möglich.

Als Nächstes können wir uns mit dem Befehl *ls* alle vorhandenen Dateien anzeigen lassen.

In unserem Fall ist der Desktop leer, deshalb zeigt der Befehl *ls* keine Dateien an.

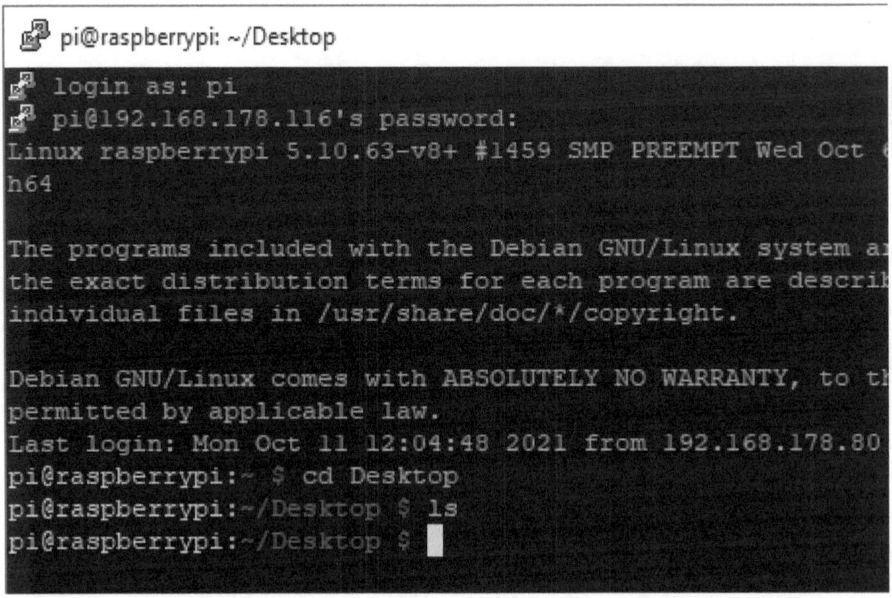


*Abbildung 70 Befehlseingabe über die Konsole*

Danach erstellen wir eine neue Datei mit dem nano-Editor. Dafür geben wir den Befehl *nano* oder *nano Dateiname.*

Beispielsweise erstellen wir die Datei „Programmcode.py" mit dem Befehl

```
nano Programmcode.py
```

Es öffnet sich ein Fenster innerhalb der Konsole, in das wir den gewünschten Text schreiben können.

Am unteren Rand sehen wir die Bezeichnungen wie ^G für das Anzeigen der Hilfe oder ^O zum Speichern der Datei. Das Zirkumflexzeichen (^) steht dabei für die STRG-Taste. Das bedeutet: Wenn wir beispielsweise den Texteditor schließen möchten, können wir das, indem wir die STRG- sowie die X-Taste gleichzeitig drücken.

Zuvor möchten wir die leere Datei noch mit Code füllen.

Der Editor erkennt dabei automatisch, um welche Art von Datei es sich handelt. Ist es wie in unserem Fall ein Python-Programm, hebt er Signalwörter wie import oder Kommentare farbig hervor.

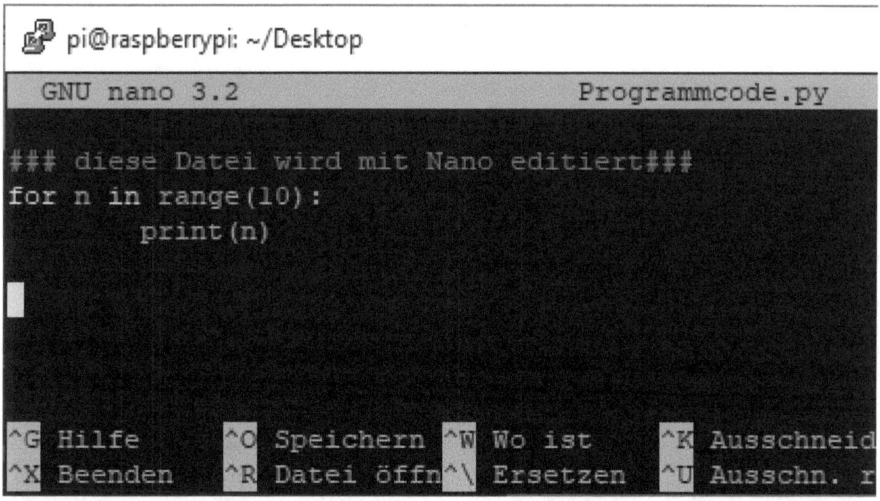


*Abbildung 71 Bearbeiten einer Datei mit dem Nano-Texteditor*

Anschließend beenden wir den Editor mit STRG+X. Wir werden gefragt, ob wir die Datei speichern wollen. Mit der J-Taste bestätigen wir das. Anschließend wird gefragt, unter welchem Namen die Datei gespeichert werden soll. Wir behalten den bisherigen Namen bei und bestätigen mit Enter.

Damit haben wir eine neue Datei angelegt. Um das zu bestätigen, führen wir erneut den *ls* Befehl aus. Wir sehen, dass auf dem Desktop die Datei Programmcode.py vorhanden ist.

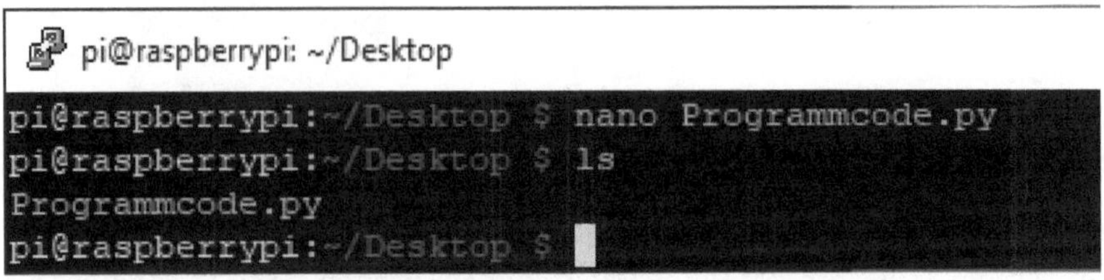


*Abbildung 72 Anzeige der erstellten Datei im Desktop-Verzeichnis*

Der nano-Editor kann nicht nur zum Erstellen neuer Texte verwendet werden, sondern auch, um bestehende Dateien zu bearbeiten.
Um eine bestehende Datei zu bearbeiten, verwenden wir den gleichen Befehl. Der Editor prüft, ob die Datei bereits vorhanden ist. Falls ja, wird diese geöffnet.
Im Beispiel rufen wir zunächst unsere Datei über den Befehl

*nano Programmcode.py*

auf und ergänzen die Datei anschließend um einen import- sowie einen sleep-Befehl.

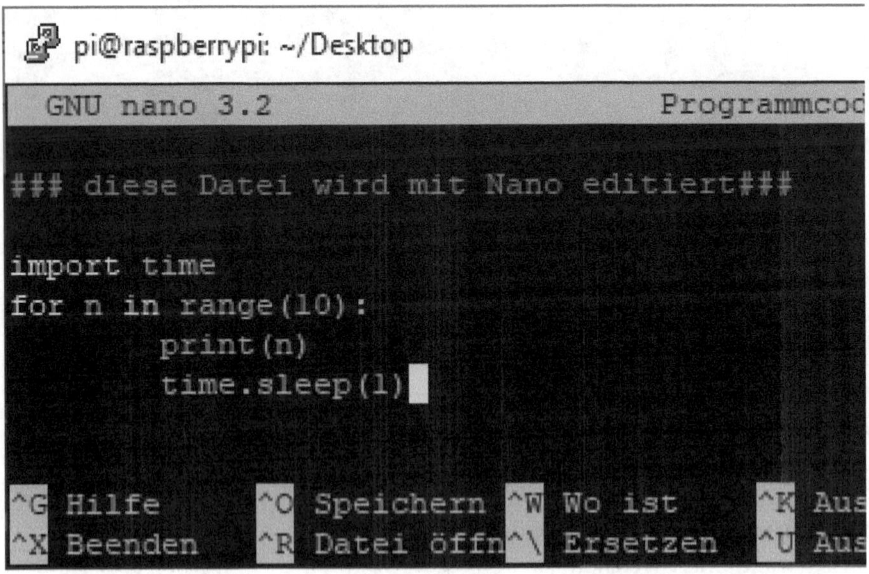


*Abbildung 73 Bearbeiten einer bestehenden Datei mit dem Nano-Texteditor*

Anschließend können wir die Datei direkt über STRG+O speichern oder, indem wir den Editor über STRG+X schließen und anschließend bestätigen, dass die Datei gespeichert werden soll.

Um unsere Datei auszuführen, müssen wir noch angeben, wie der Text interpretiert werden bzw. mit welchem „Programm“ die Datei geöffnet und ausgeführt werden soll. Dafür geben wir anschließend den Befehl

```
python3 Programmcode.py
```

ein. Das Python-Programm wird ausgeführt.

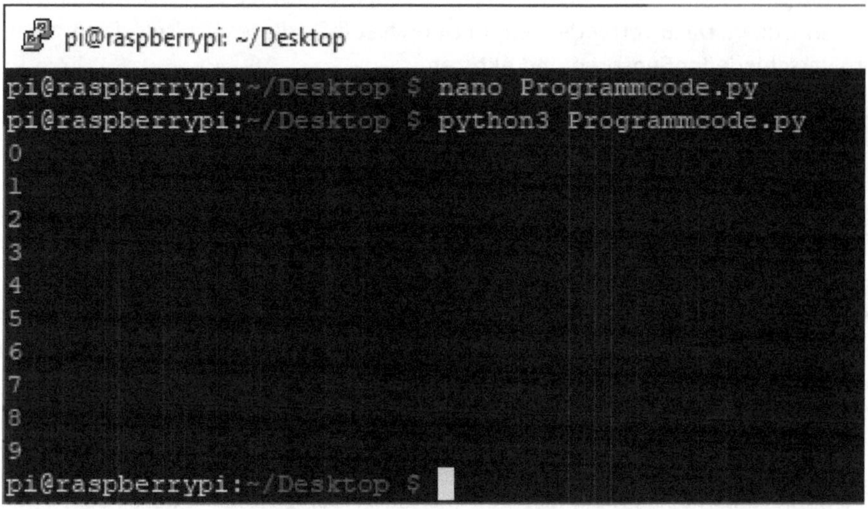


*Abbildung 74 Ausführung des Programms über die Konsole*

# 6. Automatische Bewässerung

Nachdem wir die wichtigsten Punkte vor Start der ersten Projekte geklärt haben, widmen wir uns nun als erstes der Ansteuerung der GPIO-Pins. Damit es nicht bei einer rein theoretischen Erklärung bleibt, integrieren wir die Einbindung der GPIOs in unser erstes Projekt – einer automatisierten Gewächshaussteuerung.

## 6.1. Beschreibung

Der Raspberry bietet viele Sensoren, von denen wir einige beispielhaft kennenlernen wollen. Dazu verbinden wir im Übungsaufbau dieses Kapitels das Ansteuern verschiedener Sensoren und Aktoren.

Kombiniert wird die Einführung mit einem Beispiel einer automatisierten Bewässerungsanlage.

Ziel der Steuerung ist es, Temperatur, Luftfeuchtigkeit und Bodenfeuchtigkeit zu messen, und auf der Konsole auszugeben. Dabei lernen wir den Umgang mit verschiedenen Sensoren kennen. Wenn der Boden zu wenig Feuchtigkeit aufweist, wird eine Pumpe zugeschaltet, welche die Pflanzen bewässert. Anschließend wird eine Erweiterung zum Speichern der Messdaten angelegt.

## 6.2. Benötigte Hardware

Die Steuerung muss mit elektrischer Energie versorgt werden. Dafür benötigen wir eine Versorgungsspannung, beispielsweise das Raspberry Pi Netzteil. Eine Powerbank oder sonstige Speicher wären auch denkbar, um die Steuerung auch kabellos betreiben zu können.

Für dieses Beispiel nutzen wir das originale 5 V 3 A Netzteil der Raspberry Pi Foundation.

Als Erstes benötigen wir selbstverständlich einen Raspberry Pi. Wie bereits erwähnt, verwenden wir einen Raspberry Pi 4 mit 4 GB Arbeitsspeicher. Da dieses Projekt wenig Rechenleistung benötigt, wären auch ältere Raspberry Pi Modelle verwendbar. Wenn man das Projekt verkleinern möchte, empfiehlt sich stattdessen ein Raspberry Zero.

Außerdem benötigen wir die verschiedenen Sensoren sowie einige Kabel und unser Steckbrett, außerdem eine Pumpe sowie Schläuche für die Bewässerung.

Die folgende Tabelle zeigt die verwendete Hardware:

| Zweck | Bauteil |
|---|---|
| Einplatinencomputer | Raspberry Pi 4 B– 4 GB RAM |
| Speicher für das Betriebssystem | 32 GB microSD-Karte Class 10 |
| Stromversorgung | Raspberry Pi 5 V – 3 A Netzteil |
| Temperatur und Luftfeuchtigkeit | DHT22 |
| Bodenfeuchtigkeit | Feuchte-Widerstand |
| Pullup-Widerstand | 10 kΩ |
| Pumpe | DC 3 V / 5 V Pumpe |
| Schlauch | 1 m lang mit 8 mm Außendurchmesser, 6 mm Innendurchmesser |
| Pumpenansteuerung | 1 Kanal 3 V 5 V Relais Modul |
| Verkabelung | Breadboard und Jumper-Kabel |

## Temperatur- und Luftfeuchtigkeitssensor

Es gibt viele verschiedene Möglichkeiten, die Temperatur zu bestimmen. Eine sehr kostengünstige Variante ist ein PTC- oder NTC-Widerstand. Ein PTC (positive temperature coefficient), zu Deutsch Kaltleiter, ist ein Widerstand, dessen Widerstandswert mit der Temperatur zunimmt.

Kennen wir die Kennlinie des Widerstands entsprechend der Temperatur, können wir den Widerstandswert messen, um daraus die Temperatur abzuleiten. Der Vorteil dieser Messmethode ist, dass ein Standard PTC für wenige Cent zu bekommen ist. Nachteilig hingegen ist, dass man sich selbst eine Schaltung zur

Messung bauen muss, denn der Raspberry kann keine Widerstandswerte oder analoge Spannungswerte einlesen. Lediglich das Einlesen von digitalen Signalen, sprich einer HIGH-Spannung oder einer LOW-Spannung, ist möglich. Wie wir bereits in der Hardwareaufstellung des Raspberry Pi gesehen haben, sind die Logiklevel beim Raspberry 0 V für Low und 3,3 V für High.

Wir benötigen also einen weiteren Widerstand, um einen Spannungsteiler aufzubauen. Die am PTC abfallende Spannung ist proportional zum Widerstandswert des PTCs.

Eine einfache, aber auch teurere Methode, die Temperatur zu messen, sind fertige, intelligente Module. Sie messen die Temperatur, digitalisieren diese direkt und schicken die Daten über eine Schnittstelle an die digitalen Pins des Raspberry Pi.

Ein Beispiel für solch einen Baustein ist der DHT22. Dabei handelt es sich um einen kombinierten Temperatur- und Feuchtigkeitssensor. Er misst die Lufttemperatur und relative Feuchtigkeit und übermittelt die Werte nach Anfrage über die serielle Schnittstelle. Für unser Vorhaben ist dieser Sensor ideal. Denn mit ihm haben wir sowohl Luftfeuchtigkeit als auch Temperatur mit einem Bauteil erfasst.

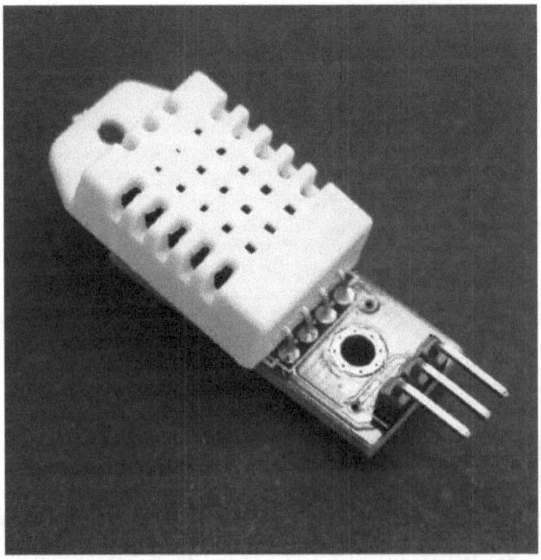

*Abbildung 75 DHT22 Sensor*

Der DHT22 ist der „große Bruder“ des DHT11. Beide sind weitestgehend identisch, nur die Genauigkeit ist beim DHT22 deutlich höher. Beim DHT22 ist eine Temperaturungenauigkeit von 0,2 °C angegeben. Beim DHT11 sind es ganze 2 °C.

Die Verkabelung ist ebenfalls sehr simpel. Der Sensor besitzt vier Pins.

Alternativ gibt es bereits Platinen, die lediglich die drei Pins, die benötigt werden, herausführen. Ein Pin bleibt unbenutzt und hat keine Funktion.

Der Sensoraufbau benötigt eine Versorgungsspannung sowie einen GND-Pin. Außerdem ist ein Pin vorhanden, der an einen GPIO-Pin des Raspberry anzuschließen ist.

Es empfiehlt sich zusätzlich an den Daten-Pin des DHT-Sensors einen externen Pullup-Widerstand zu setzen.

## *Exkurs Pullup- und Pulldown-Widerstände*

Beim Verwenden von digitalen Signalen kommt häufig der Begriff Pullup- und Pulldown-Widerstand vor. Dabei handelt es sich um einen hochohmigen Widerstand (meistens 4,7 kΩ oder 10 kΩ).

Zweck eines solchen Widerstands ist es, dass am digitalen Pin immer ein definiertes Signal anliegt. In unserem Beispiel bedeutet das: Wenn der DHT-Sensor nicht mit dem Raspberry kommuniziert, liegen 3,3 V am digitalen Pin des Sensors bzw. am GPIO-Pin des Raspberry an.

Jedoch liegt keine Verbindung zur Versorgungsspannung vor. Der digitale Pin ist nicht automatisch auf 3,3 V oder 0 V, sondern „hängt in der Luft".

Deshalb schalten wir einen Widerstand zwischen V+ (3,3 V) und den Pin. Da in einen Eingangs-Pin kein Strom hineinfließt, fällt am Widerstand keine Spannung ab. Dadurch liegen am Pin auch 3,3 V an. Er wird als logische 1 eingelesen.

Bei einem Pullup-Widerstand liegt der Widerstand zwischen dem digitalen Pin und der Versorgungsspannung, bei einem Pulldown-Widerstand zwischen dem digitalen Pin und Masse (GND).

| Pullup | Pulldown |
| --- | --- |

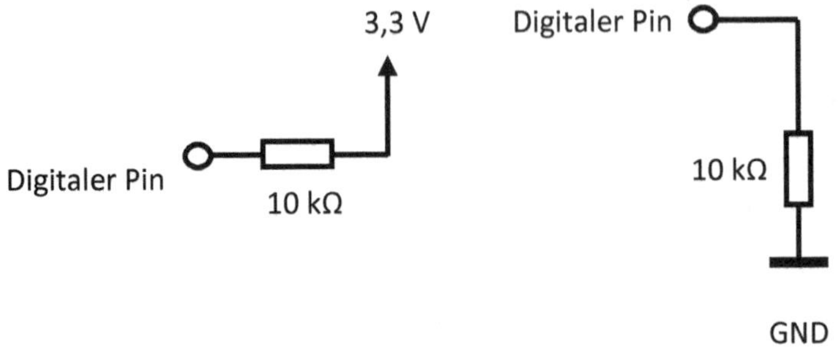


Der DHT22 besitzt intern bereits einen 4,7 kΩ-Pullup-Widerstand. Trotzdem kann ein zusätzlicher Pullup-Widerstand helfen, Störungen zu minimieren.

## Programmierung des DHT22

Zur Programmierung laden wir zunächst die DHT-Bibliothek herunter.

Dazu öffnen wir die Konsole und geben ein:

```
pip3 install adafruit-circuitpython-dht
```

Die Bibliothek *adafruit_dht* ist die Nachfolgebibliothek der Adafruit-Python-DHT-Bibliothek. Diese ist seit dem Jahr 2020 veraltet und wird nicht mehr aktuell unterstützt. Auch die neue Bibliothek *adafruit_dht* ist noch nicht vollständig ausgereift, wird aber momentan vom Hersteller und der Community unterstützt.

Standardmäßig sollte zusätzlich das libgpiod2 vorhanden sein. Wenn ein Fehler erscheint, dass es nicht vorhanden ist, kann es nachträglich über den Befehl

```
sudo apt-get install libgpiod2
```

installiert werden. Außerdem benötigen wir noch zwei weitere Bibliotheken. Zum einen die Bibliothek *boards,* welche die Zuordnung der Pins aus der Software an die passenden GPIO übernimmt. Die zweite Bibliothek ist die Erweiterung *time. time* übernimmt die Abfrage der Zeit des Betriebssystems. Dadurch können wir unser Programm beispielsweise für eine bestimmte Zeit pausieren oder die aktuelle Zeit des Betriebssystems auslesen.

Beide Bibliotheken sind standardmäßig installiert.

Anschließend öffnen wir unseren Thonny-Editor und legen eine neue Python-Datei an.

Nachdem die Bibliotheken installiert wurde und der Editor geöffnet ist, starten wir die eigentliche Programmierung. Wir können die Bibliotheken mit

```
import time
import board
import adafruit_dht
```

einbinden.

*adafruit_dht* ist auf den DHT11 und DHT22 zugeschnitten und bietet einfache Funktionen, um die Luftfeuchtigkeit und Temperatur auszulesen.

Davor müssen wir jedoch noch definieren, an welchem digitalen Pin der Sensor hängt und um welchen Sensor es sich handelt. In unserem Beispiel verwenden wir einen DHT22 an dem digitalen GPIO4-Pin des Raspberry Pi.

Wir erstellen ein Device (engl. für Gerät/Objekt/Sensor) und übergeben ihm den Pin, indem wir den Daten-Pin des DHT22 anschließen. In unserem Beispiel ist es der Pin D4.

```
dhtDevice = adafruit_dht.DHT22(board.D4)
```

Mit dem Befehlen

```
dhtDevice.temperature
```

und

```
dhtDevice.humidity
```

können wir anschließend ganz einfach die Temperatur und die Luftfeuchtigkeit (engl. humidity) auslesen. Ins Programm umgesetzt sieht das folgendermaßen aus:

```
temperature_c = dhtDevice.temperature
###optional mit Grad Fahrenheit
temperature_f = temperature_c * (9 / 5) + 32 # Umrechnung Celsius in Fahrenheit
humidity = dhtDevice.humidity
###Ausgabe der Daten an der Konsole
print( "Temp: {:.1f} F / {:.1f} C    Humidity: {}% ".format( temperature_f, temperature_c, humidity))
time.sleep(1) # warte eine Sekunde
```

Im Beispiel wurde bei der Ausgabe und der Formatierung zusätzlich die Temperatur in Grad Fahrenheit angegeben. Das kann optional weggelassen werden.

Am Ende des Programmcodes muss das Device wieder beendet bzw. geschlossen werden.

```
dhtDevice.exit()
```

Bei der Kommunikation mit dem Sensor kann es zu Fehlern kommen, weil der Sensor nicht schnell genug antwortet oder die Bibliothek die Werte nicht korrekt ausliest. Um diese Fehler abzufangen, hat Adafruit ein Konstrukt vorgegeben, mit dem die Errors erkannt und abgefangen werden, sodass das Programm nicht abstürzt, sondern eine Fehlermeldung ausgibt und weiterläuft.

Dafür wird der try-Befehl unter Python verwendet. Dieser versucht einen Programmcode auszuführen. Wenn ein Fehler auftritt, stürzt das Programm jedoch nicht ab, sondern läuft automatisch in einen anderen Programmteil hinein, der mit *except* angeführt wird.

```
...
Try:
#versucht diesen Code auszuführen. Falls möglich, läuft das Programm normal durch
...
except:
#Falls ein Error auftritt, wird dieser Teil durchlaufen. Beispielsweise eine Fehlerausgabe
print(„Etwas ist schiefgelaufen) # Fehlerausgabe
```

Unser Programm des DHT erweitert sich demnach zu:

```
import time
import board
import adafruit_dht

#Gerät anlegen DHT22 oder DHT11
dhtDevice = adafruit_dht.DHT22(board.D4,use_pulseio=False)
while True: # Endlosschleife
    try:
        temperature_c = dhtDevice.temperature
        ###optional mit Grad Fahrenheit
        temperature_f = temperature_c * (9 / 5) + 32 # Umrechnung Celsius in Fahrenheit
        humidity = dhtDevice.humidity
```

```
        ###Ausgabe der Daten an der Konsole
        print(
            "Temp: {:.1f} F / {:.1f} C    Humidity: {}% ".format(
                temperature_f, temperature_c, humidity
            )
        )
        time.sleep(1) # warte eine Sekunde
    except RuntimeError as error:
        # Error abfangen
        print(error.args[0])
        time.sleep(0.2) # 0,2 Sekunden Pause
        continue
    except Exception as error:
        dhtDevice.exit() # Bei Error das Gerät schließen
        raise error
    time.sleep(0.2)# 0,2 Sekunden Pause
```

Dabei können verschiedene Arten von Fehlern auftreten. Alle Fehlerfälle aufzuführen, würde den Rahmen dieser Übung sprengen, deshalb konzentrieren wir uns auf die, die der Hersteller des DHT22-Sensors, namentlich Adafruit, empfiehlt. Die Fehlerbehandlung ist in der DHT22-Beispieldatei von Adafruit zu finden.

Die Bezeichnung *RuntimeError* gibt beispielsweise an, dass während des Programms ein Fehler aufgetreten ist. In diesem Fall wird der Fehler ausgegeben und das Programm über *continue* fortgesetzt.

Wenn wir das Programm mit der erweiterten Fehlerbehandlung ausführen, werden die beiden Messwerte Temperatur und Feuchtigkeit im Sekundentakt ausgegeben. Wenn ein Fehler auftritt, wird er angezeigt, das Programm läuft dennoch weiter und bricht nicht ab.

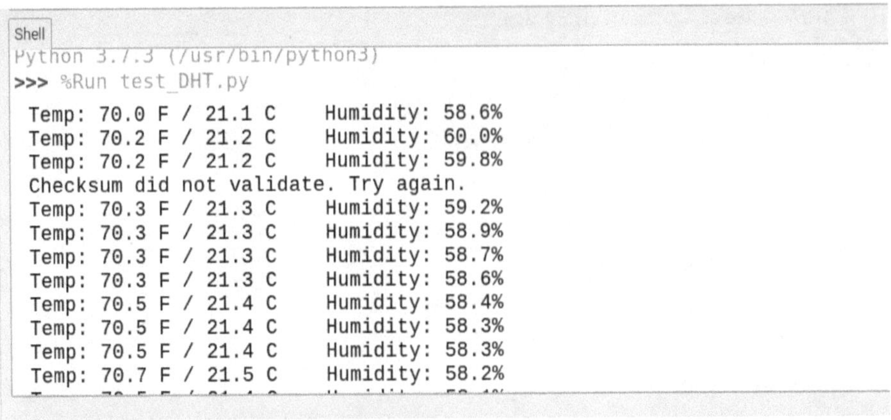

```
Shell
Python 3.7.3 (/usr/bin/python3)
>>> %Run test_DHT.py
 Temp: 70.0 F / 21.1 C    Humidity: 58.6%
 Temp: 70.2 F / 21.2 C    Humidity: 60.0%
 Temp: 70.2 F / 21.2 C    Humidity: 59.8%
 Checksum did not validate. Try again.
 Temp: 70.3 F / 21.3 C    Humidity: 59.2%
 Temp: 70.3 F / 21.3 C    Humidity: 58.9%
 Temp: 70.3 F / 21.3 C    Humidity: 58.7%
 Temp: 70.3 F / 21.3 C    Humidity: 58.6%
 Temp: 70.5 F / 21.4 C    Humidity: 58.4%
 Temp: 70.5 F / 21.4 C    Humidity: 58.3%
 Temp: 70.5 F / 21.4 C    Humidity: 58.3%
 Temp: 70.7 F / 21.5 C    Humidity: 58.2%
```

*Abbildung 76 Konsolenausgabe der Temperatur und Feuchtigkeit*

## Bodenfeuchtigkeit

Zur Messung der Bodenfeuchtigkeit verwenden wir einen dafür konzipierten Sensor. Der Sensor trägt den Namen YL-69. Dieser ist baugleich mit dem FC-28 Sensor. Das Messprinzip ist einfach gehalten.

Es handelt sich um zwei Metallplatten, die in den Boden gesteckt werden und je nach Feuchtigkeitswert einen hohen oder niedrigen Widerstand zueinander aufweisen.

Wasser leitet elektrischen Strom, daher wissen wir, dass die Bodenfeuchtigkeit vom Widerstandswert abhängig ist.

Der Bodenfeuchtigkeitssensor ist ein Widerstand, dessen Leitfähigkeit von der Bodenfeuchte bestimmt wird und von ihr abhängig ist.

Da der Raspberry lediglich einen digitalen Eingang verwendet, der Sensor jedoch einen Widerstandswert ausgibt, verwenden wir eine Zwischenschaltung, die meistens dem Sensor beiliegt. Diese trägt die Bezeichnung HC-38. Die meisten dieser Module werden in Asien hergestellt und haben daher meistens chinesische Schriftzüge.

Die Schaltung besitzt insgesamt sechs Pins, davon zwei Pins an einer Seite, die für den Sensor reserviert sind. Der Sensor wird an diese Pins angesteckt. Außerdem gibt es einen Versorgungspin, an den 3,3 V angelegt werden, und einen GND-Pin.

Der Pin-DO steht für digital Output. Dieser Pin gibt 3,3 V bzw. eine logische 1 aus, wenn der Sensor kein Wasserkontakt wahrnimmt. Wenn die Erde bewässert wird, beginnt die Erde leitfähig zu werden. Dadurch wird der Widerstandswert zwischen den Metallstiften geringer und die Spannung nimmt weiter ab.

Mit einem drehbaren Widerstand kann an dem YL-38 Modul einstellt werden, ab wann der Ausgang auf eine logische 1, in unserem Fall 3,3 V, anliegt und wann der Ausgang auf 0 V springt. Dadurch kann man einstellen, ab wann die Erde feucht genug ist und die Erde nicht weiter bewässert werden muss.

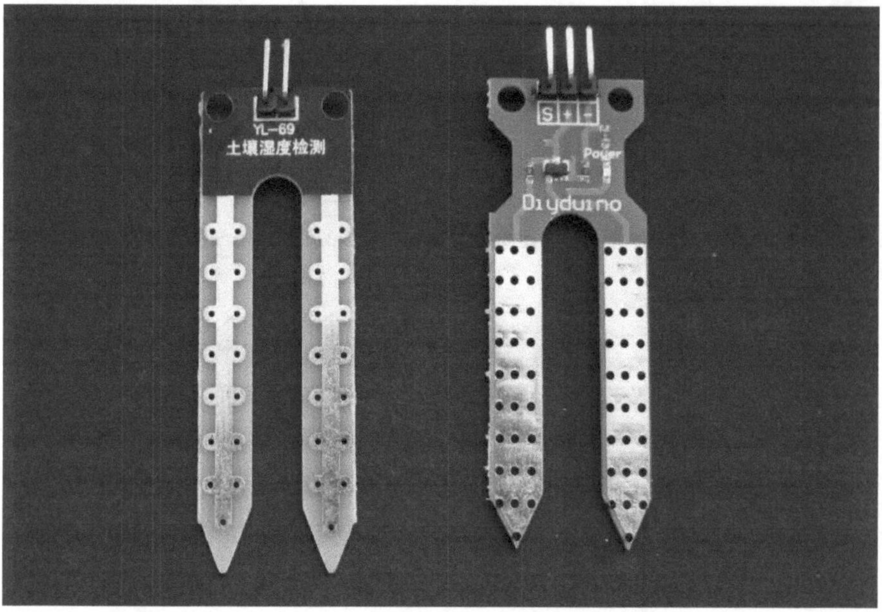


*Abbildung 77 Bodenfeuchtigkeitssensor ohne (links) und mit Spannungsteiler (rechts)*

## Programmierung des Bodenfeuchtigkeitssensors

Durch die Verwendung des YL-38 Moduls ist die Programmierung sehr einfach gehalten. Wir verbinden den DO-Pin des Moduls mit einem GPIO-Pin des Raspberry Pi und stellen mithilfe des Drehpotentiometers ein, ab wann das Modul „auslösen" soll. Dazu nehmen wir am besten ein Glas Erde in der gewünschten Feuchte. Anschließend drehen wir die Potenziometer so lange, bis die kleine Anzeige-LED des Moduls auslöst. Gleichzeitig springt der Ausgang des DO-Pins von 3,3 V auf die gewünschten 0 V.

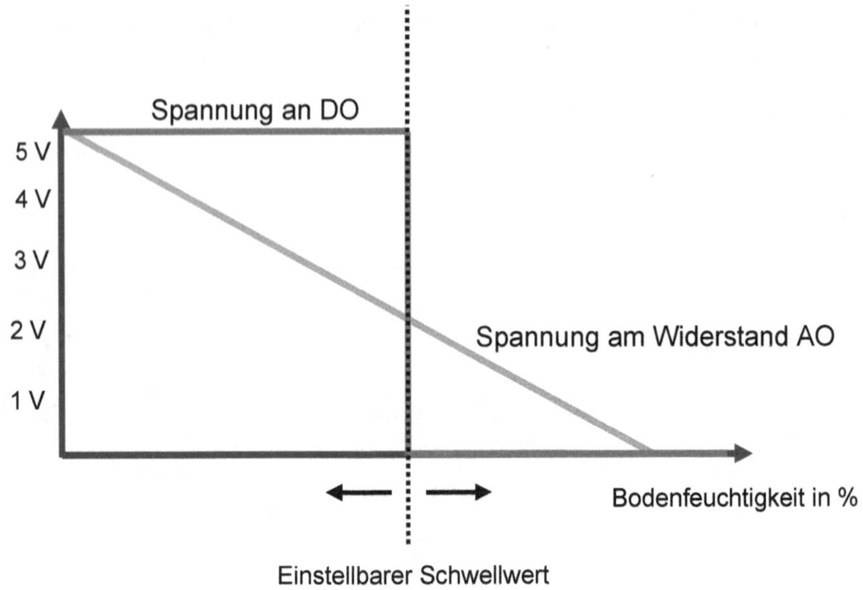


In unserem Python-Programm müssen wir lediglich den Status des DO-Pins abfragen.

Im Beispiel verwenden wir dafür den GPIO22-Pin.

Zunächst importieren wir wieder die *board* Bibliothek und setzen den gewünschten GPIO-Modus.

```
GPIO.setmode(GPIO.BCM) #Setup der GPIO-Pins
GPIO.setup(22,GPIO.IN) # DO Pin an diesen Pin anschließen
```

Anschließend fragen wir den Status des Pins ab und geben dementsprechend eine Konsolenausgabe aus.

```
if (GPIO.input(22)):
    print("Boden ist feucht – Pumpe aus!")
    status="AUS"
else:
    print("Boden ist trocken – Pumpe an!")
    status="AN"
```

Manche der Feuchtigkeitssensoren bzw. die Zwischenmodule, wie das HC-38, geben bei einer Feuchtigkeit von 0 % nicht 5 V am DO-Ausgang aus, wie es bei uns der Fall ist, sondern 0 V. Außerdem geben sie bei

100 % Feuchtigkeit nicht 0 V aus, sondern 5 V. Die Kennlinie ist gespiegelt.

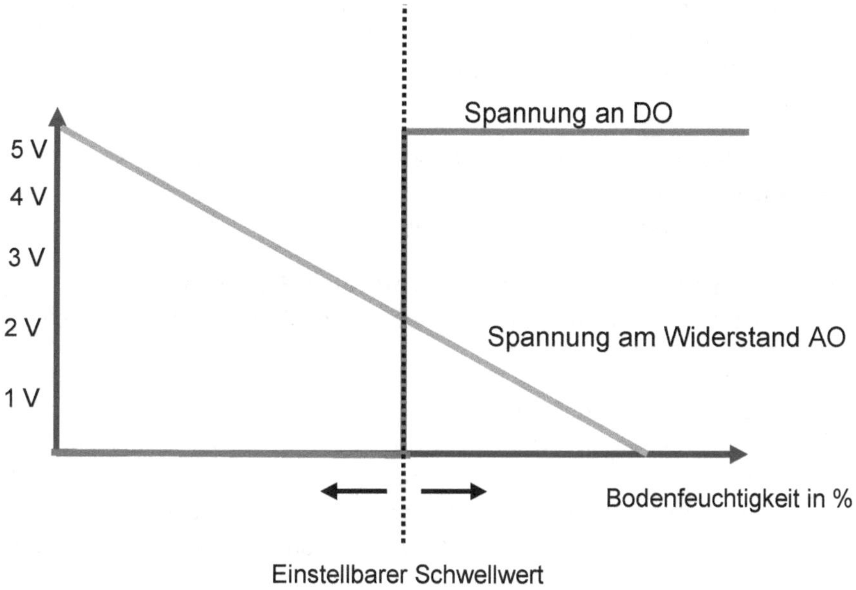


Um diese Besonderheit anzupassen, müssen wir im Programm die beiden if- und else-Abfragen vertauschen.

## Pumpe

Als Wasserpumpe wird eine Miniaturpumpe verwendet. Die Pumpe kann dabei mit 3 bis 5 V betrieben werden. Die Pumpleistung ist stärker, je höher die Betriebsspannung gewählt wird. Wir wählen eine Betriebsspannung von 3,3 V. Sobald die Spannung angelegt wird, läuft die Pumpe an.

## Pumpenansteuerung

Theoretisch können wir die Pumpe an einen GPIO-Pin des Raspberry klemmen. Wenn dieser auf logisch 1, was 3,3 V entspricht, geschaltet wird, beginnt die Pumpe zu laufen. Schalten wir den GPIO-Pin wieder auf 0, stoppt die Pumpe. Leider ist das nicht direkt realisierbar, denn die logischen Ausgänge des Raspberry Pi können nicht so viel Strom liefern, wie die Pumpe benötigt.

Die Pumpe hat im angeschalteten Zustand eine Stromaufnahme von circa 20 mA. Das ist deutlich mehr als die 16 mA, die ein digitaler Ausgangspin des Raspberry Pi maximal liefern kann.

Deshalb müssen wir ein **Relais** verwenden. Ein Relais ist ein Bauteil, das wir uns als einen steuerbaren Schalter vorstellen können. Es besitzt einen Steuereingang und zwei Kontakte für den Lastausgang. Intern besitzt das Relais eine Spule, die im angesteuerten Zustand ein magnetisches Feld erzeugt und zwei Metallkontakte zusammendrückt. Man kann beim Schaltvorgang ein mechanisches Klicken wahrnehmen.

Wenn am Steuereingang des Relais eine logische 1 angelegt wird, schließen die zwei Ausgangskontakte und es kann auch am Ausgang ein Strom fließen. Wenn eine logische 0 angelegt ist, sind die Kontakte geöffnet und es fließt kein Strom.

Dadurch dass der Steuereingang statt 20 mA nur 2–3 mA Strom benötigt, umgehen wir mithilfe des Relais das Risiko, dass wir den Raspberry beschädigen.

Das verwendete Relais ist für einen Logikpegel von 5 V ausgelegt, kann jedoch auch problemlos mit 3,3 V verwendet werden. Vor Kauf eines passenden Relais ist jedoch zu prüfen, ob das Relais mehr als 16 mA benötigt. Das ist in der Produktbeschreibung oder im Datenblatt des Relais herauszufinden. Ansonsten empfiehlt es sich, beim Hersteller nachzufragen, ob das Relais für die Verwendung mit einem Raspberry ausgelegt wurde.

### Ansteuerung

Für die Ansteuerung des Relais verwenden wir den GPIO27-Pin und konfigurieren ihn als Ausgang.

```
GPIO.setmode(GPIO.BCM) #Setup der GPIO-Pins
GPIO.setup(27,GPIO.OUT)
```

Mit den Befehlen

```
GPIO.output(27,GPIO.LOW) #Pumpe AUS
GPIO.output(27,GPIO.HIGH) #Pumpe AN
```

kann das Relais und damit auch die Pumpe an- oder ausgeschaltet werden.

## 6.3. Schaltplan

Der folgende Schaltplan zeigt alle verwendeten Bauteile und deren Verschaltung.

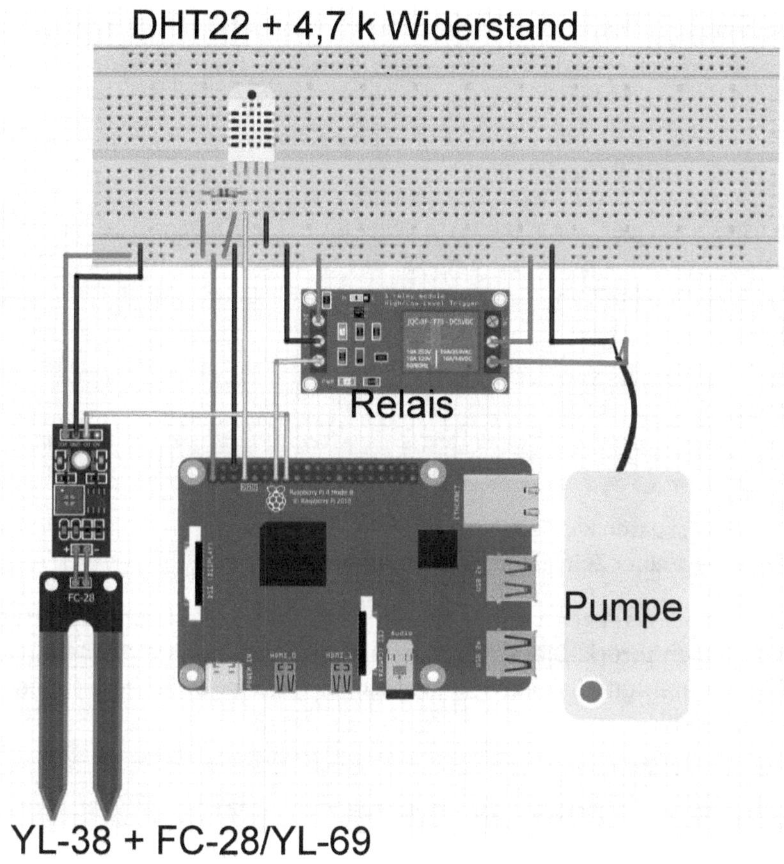


*Abbildung 78 Schaltplan des Aufbaus*

## 6.4. Erweiterung Messdaten speichern

Die Messdaten werden an der Konsole ausgegeben und die Pumpe wird abhängig von der Bodenfeuchte angesteuert. Als Erweiterung schauen wir uns nun an, wie man die Messwerte in eine Datei schreiben kann. Dafür verwenden wir den Befehl *open()* und *write()*. Diese Befehle können standardmäßig verwendet werden, ohne davor eine Bibliothek installieren zu müssen.

Der Befehl open() öffnet dabei eine Datei. Den Namen der Datei muss man der open() Funktion übergeben. Wenn die Datei noch nicht existiert, erstellt die Funktion eine neue Datei mit dem Namen. Außerdem kann man angeben, ob die Datei lediglich gelesen ‚r' oder überschrieben ‚w' wird, oder ob der neue Text angehängt werden soll ‚a'.

Wir erstellen eine Text-Datei mit dem Namen Messdaten. Die Datei wird in den gleichen Dateipfad wie das Programm, das den Befehl ausführt, geschrieben.

```
file = open('Messdaten.txt',"w") # 'w' → Neuerstellen oder überschreiben
```

Die Funktion gibt ein Handle, gewissermaßen ein Abbild der Datei, zurück. Diese speichern wir in der Variablen *file.*

Als Nächstes schreiben wir in die erste Zeile der Datei. Zunächst rücken wir drei Tabulatoren (\t) ein, anschließend folgen der entsprechende Text, drei Absätze (\n) und eine Beschreibung der Messdaten. Anschließend wird das file wieder geschlossen.

```
file.write("\t\t\t Messdaten Bewässerungsanlage \n\n\n")

file.write("Zeitstempel \t \t Temperatur in °C , Luftfeuchtigkeit , Pumpenstatus \n")

file.close()
```

Neben den Messdaten wird ein Zeitstempel in die Datei geschrieben. Damit kann jeder Messwert einer Zeit zugeordnet werden.

Den Zeitstempel erzeugen wir mit der Funktion *time()*. Diese gibt die aktuelle Zeit in Sekunden zurück. Diese Zahl muss anschließend in Jahre, Monate, Tage, Stunden, Minuten und Sekunden umgerechnet werden. Dafür verwenden wir folgenden Befehl:

```
ts = time.time()

st = datetime.datetime.fromtimestamp(ts).strftime('%d-%m-%Y %H:%M:%S')
```

Damit erhalten wir einen Zeitstempel in der Form *07-10-2021 20:51:23.*

Während des Programms wird der Zeitstempel gefolgt von den Messwerten in die Datei geschrieben. Dafür wird sie geöffnet, beschrieben und geschlossen. Die Messwerte müssen dabei in eine Zeichenkette (*str*) umgewandelt werden.

```
file = open('Messdaten.txt',"a") #anhängen der Daten in Datei

file.write(st+"\t\t"+str(temperature_c)+" \t\t"+str(humidity)+" \t\t\t"+status+"\n)

file.close()
```

Die variable s*tatus* wurde angelegt, um den Status der Pumpe in die Textdatei zu schreiben. Wenn die Pumpe an ist, wird *status="AN"* gesetzt, wenn die Pumpe aus ist, wird *status="AUS"* gesetzt.

## 6.5. Vollständiges Programm

```
import time
import datetime
import board
import adafruit_dht
import RPi.GPIO as GPIO
###Zeitstempel und Datei anlegen###
ts = time.time()
st = datetime.datetime.fromtimestamp(ts).strftime('%d-%m-%Y %H:%M:%S')
file = open('Messdaten.txt',"w") #Neuerstellen oder überschreiben
file.write("\t\t\t Messdaten Bewässerungsanlage \n\n\n")
file.write("Zeitstempel \t \t Temperatur in °C , Luftfeuchtigkeit , Pumpenstatus \n")
file.close()
#Gerät anlegen DHT22 oder DHT11
dhtDevice = adafruit_dht.DHT22(board.D4,use_pulseio=False)
while True:
  try:
    ts = time.time()
    st = datetime.datetime.fromtimestamp(ts).strftime('%d-%m-%Y %H:%M:%S')
    GPIO.setmode(GPIO.BCM) #Setup der GPIO-Pins
    GPIO.setwarnings(False)
    GPIO.setup(17,GPIO.OUT)
    GPIO.setup(27,GPIO.OUT)
    GPIO.setup(22,GPIO.IN) #DO Pin an diesen Pin anschließen
    temperature_c = dhtDevice.temperature
    ###optional mit Grad Fahrenheit
    temperature_f = temperature_c * (9 / 5) + 32 # Umrechnung Celsius in Fahrenheit
    humidity = dhtDevice.humidity
    ###Ausgabe der Daten an der Konsole
    if (GPIO.input(22)):
      GPIO.output(27,GPIO.LOW) #Pumpe AUS
      print("Boden ist feucht - Pumpe aus!")
      status="AUS"
```

```
        else:
            GPIO.output(27,GPIO.HIGH) # Pumpe AN
            print("Boden ist trocken - Pumpe an!")
            status="AN"
        time.sleep(1)
        print(
            "Temp: {:.1f} F / {:.1f} C    Humidity: {}% ".format(
                temperature_f, temperature_c, humidity
            )
        )
        ###Speichern in Datei
        file = open('Messdaten.txt',"a") #anhängen der Daten in Datei
        file.write(st+"\t\t"+str(temperature_c)+" \t\t"+str(humidity)+" \t\t\t"+status+"\n")
        file.close()
except RuntimeError as error:
        # Error abfangen
        print(error.args[0])
        time.sleep(0.2) # 0,2 Sekunden Pause
        continue
    except Exception as error:
        dhtDevice.exit() # Bei Error das Gerät schließen
        raise error
GPIO.cleanup()
file.close()
```

Während das Programm abläuft, werden die Daten an der Konsole ausgegeben.

```
Shell
Python 3.7.3 (/usr/bin/python3)
>>> %Run 'Bewässerung.py'
 Boden ist trocken - Pumpe an!
 Temp: 75.7 F / 24.3 C    Humidity: 53.5%
 Boden ist trocken - Pumpe an!
 Temp: 75.7 F / 24.3 C    Humidity: 53.5%
 Boden ist trocken - Pumpe an!
 Temp: 75.0 F / 23.9 C    Humidity: 54.9%
 Boden ist trocken - Pumpe an!
 Temp: 75.0 F / 23.9 C    Humidity: 54.9%
 Boden ist feucht - Pumpe aus!
 Temp: 75.0 F / 23.9 C    Humidity: 54.9%
 Boden ist feucht - Pumpe aus!
 Temp: 75.0 F / 23.9 C    Humidity: 54.9%
```

*Abbildung 79 Konsolenausgabe des Programms*

Gleichzeitig werden die Daten in die Datei *Messdaten.txt* geschrieben. Diese kann mit einem gewöhnlichen Texteditor geöffnet werden. Beispielsweise können die Messdaten wie folgt aussehen:

```
Datei  Bearbeiten  Suchen  Ansicht  Dokument  Hilfe
                              Messdaten Bewässerungsanlage


Zeitstempel                   Temperatur in °C , Luftfeuchtigkeit , Pumpenstatus
07-10-2021 12:59:21                  23.8           55.6                 AN
07-10-2021 12:59:23                  23.8           55.6                 AN
07-10-2021 12:59:24                  23.7           55.4                 AN
07-10-2021 12:59:25                  23.7           55.4                 AN
07-10-2021 12:59:26                  23.7           55.3                 AN
07-10-2021 12:59:28                  23.7           55.3                 AUS
07-10-2021 12:59:29                  23.7           55.3                 AUS
07-10-2021 12:59:31                  23.7           55.3                 AUS
07-10-2021 12:59:32                  23.7           55.3                 AUS
07-10-2021 12:59:33                  23.7           55.3                 AUS
07-10-2021 12:59:34                  23.8           55.6                 AUS
07-10-2021 12:59:36                  23.8           55.6                 AUS
07-10-2021 12:59:37                  23.8           55.6                 AUS
07-10-2021 12:59:38                  23.8           55.6                 AUS
07-10-2021 12:59:39                  23.8           55.8                 AN
07-10-2021 12:59:41                  23.8           55.8                 AN
```

*Abbildung 80 Gespeicherte Daten in einer Textdatei*

Damit beenden wir dieses Projekt. Wir haben gesehen, wie man digitale Sensoren wie den DHT22 ansteuert und wie wir mithilfe der GPIO-Pins auch Aktoren, wie eine Pumpe bzw. ein Relais, ansteuern können. Auch die Ausgabe von Messdaten an der Konsole und das Abspeichern derselbigen in eine Datei wurde behandelt.

# 7. Bewegungsmelder mit Sensoren und Kamera

Nun lernen wir einen weiteren Sensor kennen, bei dem wir eine Besonderheit beachten müssen.

Außerdem betrachten wir die Ansteuerung einer Webcam oder der Pi-Kamera. Auch die Programmierung kommt nicht zu kurz.

Alle neuen Schritte werden wieder in ein spannendes Projekt verpackt. Wir bauen einen Bewegungsmelder mithilfe eines Ultraschall-Sensors auf. Wenn ein Objekt erkannt wird, wird automatisch ein Bild aufgenommen.

## 7.1. Benötigte Hardware

Die Standard-Komponenten wie der Raspberry, das Netzteil oder die SD-Karte sind bekannt. Auch hier verwenden wir den Raspberry Pi 4 B mit 4 GB Arbeitsspeicher. Da das Projekt nicht leistungsintensiv für den Einplatinencomputer ist, ist jeder vorherige Raspberry ebenfalls ausreichend leistungsstark für dieses Projekt.

Zusätzlich zum Ultraschallsensor benötigen wir noch zwei Widerstände, deren Zweck später noch deutlich wird.

| Zweck | Bauteil |
|---|---|
| Einplatinencomputer | Raspberry Pi 4 B– 4 GB RAM |
| Speicher für das Betriebssystem | 32 GB microSD-Karte Class 10 |
| Stromversorgung | Raspberry Pi 5 V – 3 A Netzteil |
| Abstandsmessung | Ultraschallsensor HC-SR04 |
| Spannungsteiler | 1x 1 kΩ Widerstand<br>1x 2,2 kΩ |
| Verkabelung | Breadboard und Jumper-Kabel |

## Ultraschallsensor HC-SR04

Das Ultraschallsensor-Modul mit der Bezeichnung *HC-SR04* ist ein Sensor, in dem die Auswerteelektronik bereits verbaut ist. Der Sensor benötigt wie beinahe alle Sensoren sowohl eine Verbindung zur Versorgungsspannung als auch einen Ground-Anschluss. Außerdem besitzt er zwei weitere Pins, welche die Bezeichnungen *Trigger* und *Echo* haben.

Das System der Ultraschallmessung und die damit verbundene Anwendung des Sensors ist relativ einfach zu erklären.

Zunächst muss an den Trigger-Eingang des HC-SR04-Moduls kurzzeitig ein HIGH-Signal angelegt werden. 0.01 ms sind dabei bereits genug.

Sobald das Modul eine fallende Flanke registriert, wird die Messung gestartet. Eine fallende Flanke bedeutet, dass das Signal von logisch 1 auf logisch 0 fällt.

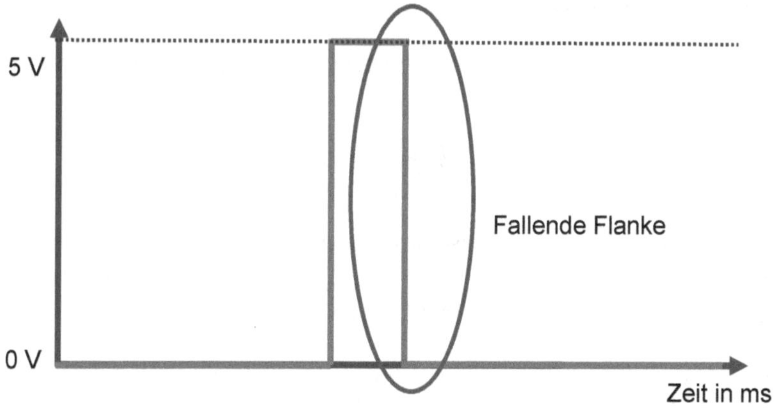


*Abbildung 81 Spannungsverlauf einer fallenden Flanke*

Wenn die fallende Flanke registriert wurde, sendet das Modul Ultraschallwellen aus. Die Wellen haben dabei eine Geschwindigkeit von circa 343 $\frac{m}{s}$, demnach circa 34300 $\frac{cm}{s}$.

Wenn sich nun ein Gegenstand vor dem Sensor befindet, werden die Ultraschallwellen zurückgeworfen. Das Sensormodul erkennt, wenn die Wellen wieder beim Modul ankommen, und gibt die vergangene Zeit als Signal auf dem Echo-Pin zurück.

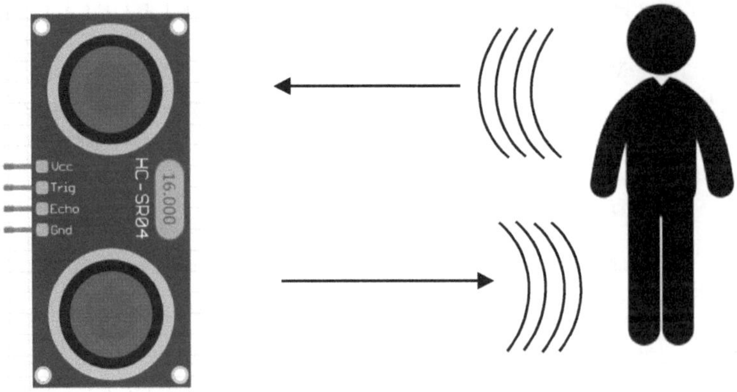


*Abbildung 82 Relektion der Ultraschallwellen an einem Objekt*

Mit Hilfe der vergangenen Zeit und der Schallgeschwindigkeit können wir die Entfernung des Objekts berechnen.

Da die gesamte Laufzeit aus Hin- und Rückweg besteht, müssen wir die Zeit durch 2 teilen.

$$Entfernung = \frac{Laufzeit}{2} \cdot 34300 \frac{cm}{s}$$

Strenggenommen hängt die Schallgeschwindigkeit von der Temperatur, der Luftfeuchtigkeit, der Luftdichte und vielen weiteren Faktoren ab. Im Rahmen der Genauigkeit reicht der Mittelwert von $34300 \frac{cm}{s}$ vollkommen aus.

Eine dieser Messungen benötigt gerade einmal 20 ms. Das bedeutet, dass das Modul bis zu 50 Messungen pro Sekunde ausführen kann.

Das HC-SR04 Modul kann jedoch nicht ohne weiteres verwendet werden, denn das Modul verwendet Logikpegel von 5 V. Das bedeutet, dass das Modul zwar mit 5 V Versorgungsspannung betrieben wird, jedoch auch, dass der Echo-Ausgang des Moduls eine Spannung von 5 V ausgibt. Unser Raspberry hingegen verwendet Logikpegel von 3,3 V. Wenn wir den Echo-Pin des Moduls direkt an den GPIO-Eingang unseres Raspberry Pi anschließen, kann der Raspberry dauerhaft Schaden nehmen.

Deshalb müssen wir die Spannung am Ausgang des Sensors verringern. Dafür gibt es fertige Module. Sogenannte Logik-Level-Shifter oder Logic-Level-Converter transformieren eine Spannung von 3,3 V in eine 5 V Spannung und umgekehrt. In unserem Fall möchten wir jedoch lediglich die Spannung verringern. Das ist ebenso mit einem gewöhnlichen Spannungsteiler problemlos möglich.

Für den Spannungsteiler verwenden wir 1 kΩ und 2,2 kΩ Widerstände. Die Auswahl ergibt sich aus der gewünschten Spannung von 3,3 V. Es sind auch andere Kombinationen möglich, beispielsweise 330 Ω und 470 Ω, was eine Ausgangsspannung von 2,9 V ergibt. Auch das wird der Raspberry noch als logische 1 erkennen.

Dadurch reduziert sich die Spannung zu 3,4 V.

$$U_{R2} = \frac{R_2}{R_7 + R_2} \cdot 5\,V = \frac{2{,}2\,k\Omega}{1\,k\Omega + 2{,}2\,k\Omega} \cdot 5\,V \approx 3{,}4\,V$$

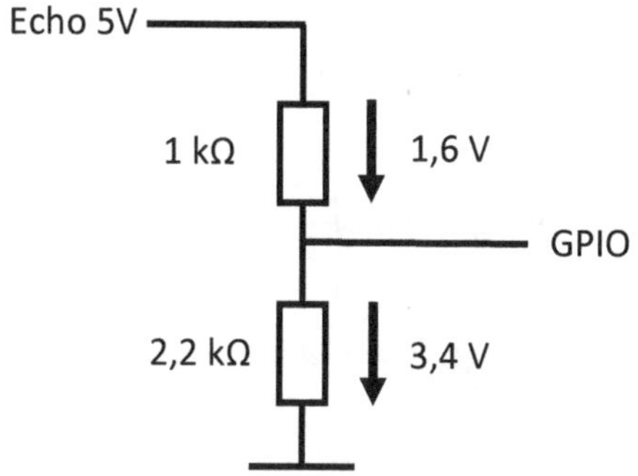


*Abbildung 83 Spannungsteiler zum Schutz der GPIO-Pins*

3,4 V liegen vollkommen ausreichend im Spannungsbereich der GPIO-Pins.

Die Tatsache, dass wir einen Spannungsteiler verwenden müssen, da der Sensor sonst inkompatibel gewesen wäre, zeigt auf, dass wir vor jedem Projekt prüfen müssen, ob die Bauteile kompatibel sind oder ob wir unseren Pi oder den Sensor beschädigen könnten.

Wir setzen den Spannungsteiler und die Verkabelung am Pi um, was uns zum Schaltplan führt, der für dieses Projekt sehr einfach gehalten ist.

## 7.2. Schaltplan

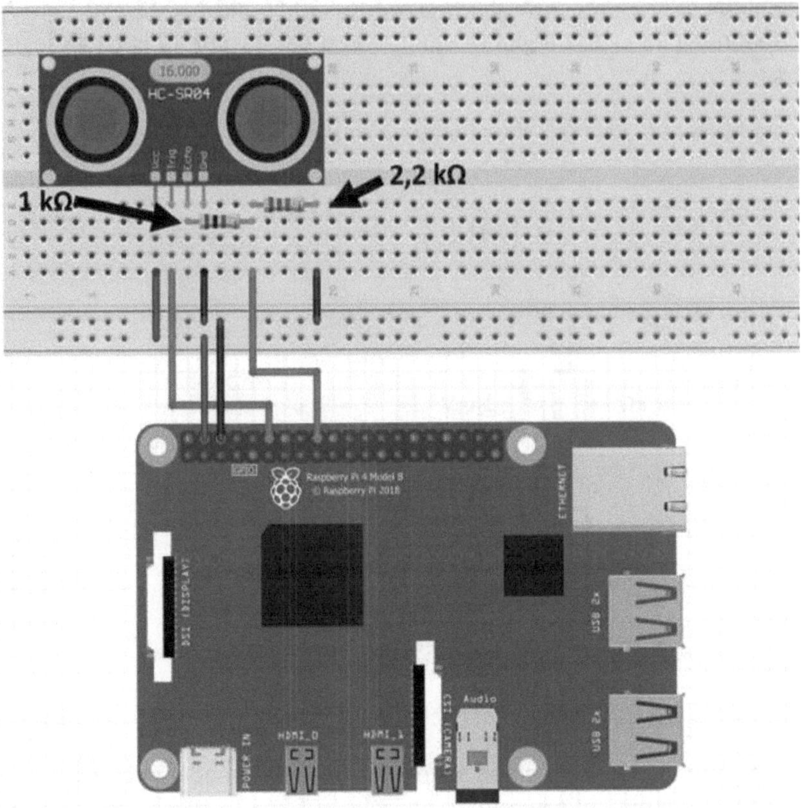


*Abbildung 84 Schaltplan des Aufbaus*

Für den Trigger- und den Echo-Pin können beliebige GPIO-Pins verwendet werden. Für das Beispiel wurde der Trigger-Pin an den GPIO18 (Pin12) des Raspberry angeschlossen, der Echo-Pin an den GPIO24 (Pin18).

Wichtig zu beachten ist, dass diesmal die 5 V Versorgungsspannung verwendet wird, beim vorherigen Beispiel hatten wir zusätzlich den 3,3 V Pin eingesetzt.

## 7.3. Programmierung

Zunächst importieren wir die Bibliotheken, die wir für die richtige Interpretation der GPIOs benötigen sowie die time-Bibliothek.

```
import RPi.GPIO as GPIO

import time
```

Anschließend setzen wir unsere GPIOs auf. Die Pinbelegung haben wir bereits im Schaltplan festgelegt. Andere GPIO-Pins sind ebenfalls möglich, außerdem muss hier die Software angepasst werden.

```
trigger_pin = 18

echo_pin = 24

GPIO.setwarnings(False)

GPIO.setmode(GPIO.BCM)

GPIO.setup(trigger_pin,GPIO.OUT)

GPIO.setup(echo_pin,GPIO.IN)
```

Als Nächstes erstellen wir eine Funktion. Die Funktion entfernung() löst einen Trigger-Impuls aus, wartet anschließend auf das Echo und gibt die Laufzeit an der Konsole aus.

Zunächst wird der Impuls gesetzt:

```
def entfernung():

   GPIO.output(trigger_pin,True)

   time.sleep(0.00001)                    # 0.01 Millisekunde

   GPIO.output(trigger_pin,False)
```

Anschließend speichern wir die Start- sowie die Stoppzeit in einer Variablen.

Wir aktualisieren die Startzeit so lange, bis der Echo-Pin von 0 auf 1 steigt.

Ebenso aktualisieren wir die Endzeit immer wieder, bis der Echo-Pin wieder auf null fällt.

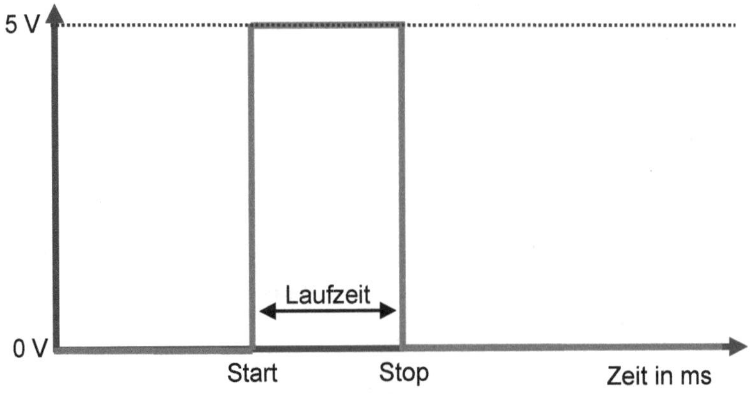


*Abbildung 85 Darstellung der Laufzeitmessung*

```
start = time.time()                          #Zeitpunkt des Starts
stop = time.time()                           #Stopzeitpunkt
while GPIO.input(echo_pin)== 0:
  start=time.time()
while GPIO.input(echo_pin)== 1:
  stop=time.time()
```

Als Letztes errechnen wir die Laufzeit-Entfernung mit Hilfe der Schallgeschwindigkeit. Die beiden Werte runden wir auf zwei bzw. drei Nachkommastellen und geben sie an der Konsole aus.

```
laufzeit=stop-start                          #Laufzeit = Stop-Startzeit
distanz=round(laufzeit/2*34300,2)            # Schallgeschwindigkeit 340 m/s
print("Laufzeit "+str(round(laufzeit*1000,3))+" ms")
print ("Entfernung beträgt: "+str(distanz)+" cm")
return distanz
```

Zuletzt wird der Distanzwert zurückgegeben.

Damit ist die Funktion zur Entfernungsmessung vollständig. Danach rufen wir die Funktion wiederholend mit jeweils einer Sekunde Verzögerung auf. Ähnlich der Bewässerungsanlage verwenden wir eine try – except Anweisung.

```
try:
  while True:
    distanz=entfernung()
    time.sleep(1)
```

```
except KeyboardInterrupt:
  GPIO.cleanup()
```

Wenn der Benutzer das Programm unterbricht (STRG-C), bevor das Programm abgebrochen wird, wird der except-Befehl ausgeführt. Das ist wichtig, damit die GPIO-Ports ordnungsgemäß geschlossen werden. Ansonsten kann beim nächsten Programmstart ein Fehler auftreten.

Wenn wir das Programm starten, erhalten wir sowohl die Laufzeit als auch die Entfernung.

```
Shell
Entfernung beträgt: 18.49 cm
Laufzeit 1.128 ms
Entfernung beträgt: 19.34 cm
Laufzeit 1.151 ms
Entfernung beträgt: 19.75 cm
Laufzeit 1.121 ms
Entfernung beträgt: 19.22 cm
Laufzeit 1.102 ms
Entfernung beträgt: 18.9 cm
Laufzeit 1.124 ms
Entfernung beträgt: 19.28 cm
Laufzeit 1.104 ms
Entfernung beträgt: 18.93 cm
```

*Abbildung 86 Ausgabe der Laufzeit und Entfernung*

## 7.4. Kameraansteuerung

Mithilfe des HC-SR04 Sensors können wir detektieren, wie weit oder ob sich ein Objekt vor dem Sensor befindet.

Im Folgenden erweitern wir das Programm. Wenn eine Schwelle unterschritten wird, soll automatisch ein Foto aufgenommen werden.

Dazu schließen wir eine gewöhnliche USB-Webcam an unserem Pi an.

Indem wir in die Konsole den Befehl

```
lsusb
```

eingeben, können wir sichergehen, dass unsere Kamera erkannt wird.

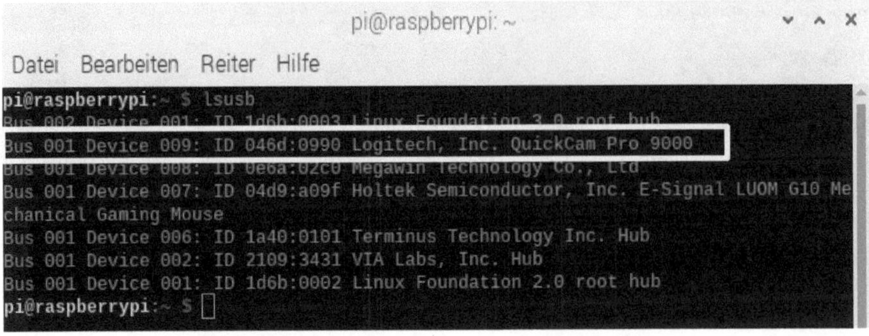


*Abbildung 87 Anzeige der Logitech-USB-Kamera*

Alternativ kann auch eine Raspberry Pi Kamera verwendet werden.

Obwohl die Kamera erkannt wird, muss noch der Zugriff gestattet werden, um die Kamera verwenden zu können. Dafür navigieren wir mit dem Konsolenbefehl

*sudo raspberry-config*

in die Einstellungen und schalten die Kamera unter dem Punkt *3 Interface-Options* und anschließend unter *P1 Camera* an.

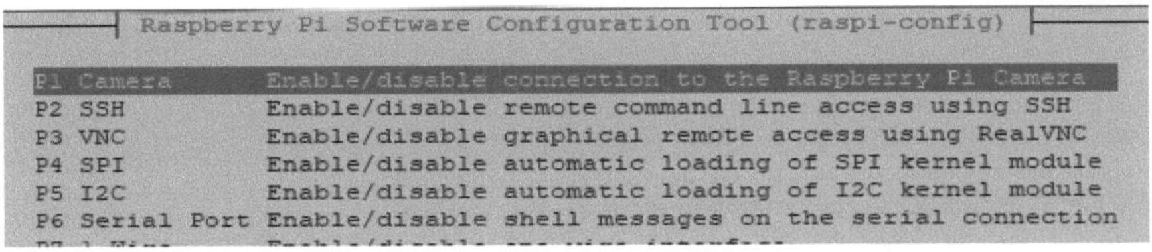


*Abbildung 88 Aktivieren der Raspberry Pi Kamera*

Nachdem die Kamera aktiviert wurde, installieren wir die Erweiterung **fswebcam**. fswebcam ermöglicht es uns, mit einfachen Befehlen auf die Kamera zuzugreifen und beispielsweise ein Foto aufzunehmen. Es werden die meisten USB-Kameras unterstützt. Um das Package zu installieren, öffnen wir ein Konsolenfenster und installieren es über

*sudo apt-get install fswebcam*

Wenn die Erweiterung installiert wurde, können wir bereits ein Foto aufnehmen. Der einfachste Befehl dafür lautet

*fswebcam Bildname.jpg*

Bildname müssen wir durch den Namen ersetzen, unter dem unser Schnappschuss gespeichert werden soll. Standardmäßig wird das Bild im home-Verzeichnis */pi/home* gespeichert. Bei Bedarf kann man aber den Pfad ändern.

Außerdem wird jedes Foto mit einem Zeitstempel aufgenommen. Um diesen zu entfernen, kann der Befehl *–no-banner* verwendet werden. Weiterhin kann die Auflösung durch den Befehl *-r* festgelegt werden.

```
fswebcam --no-banner -r 12800x720 Bildname.jpg
```

Bisher haben wir ein Foto über einen Konsolenbefehl geschossen. Damit wir die Befehle in unser Python-Programm übernehmen können, müssen wir die Python-Bibliothek *OS* verwenden. Diese bietet Zugriff auf viele Anwendungen, die das Betriebssystem bereitstellt, wie zum Beispiel die Eingabe in eine Konsole.

```
import os
```

Mit dem Befehl os.system(„….") kann anschließend ein Befehl an die Konsole geschickt werden. In unserem Fall die Aufnahme eines Fotos.

```
os.system("fswebcam image.jpg")
```

Damit haben wir alle Bausteine, die wir in einem Programm unterbringen können.

## 7.5. Vollständiges Programm

```
import RPi.GPIO as GPIO
import time
import os
trigger_pin = 18
echo_pin = 24

GPIO.setwarnings(False)
GPIO.setmode(GPIO.BCM)
GPIO.setup(trigger_pin,GPIO.OUT)
GPIO.setup(echo_pin,GPIO.IN)


def entfernung():
  GPIO.output(trigger_pin,True)
  time.sleep(0.00001) # 0.01 Millisekunde
```

```
  GPIO.output(trigger_pin,False)

  start = time.time() #Zeitpunkt des Starts
  stop = time.time() #Stopzeitpunkt
  while GPIO.input(echo_pin)== 0:
    start=time.time()
  while GPIO.input(echo_pin)== 1:
    stop=time.time()

  laufzeit=stop-start  #Laufzeit = Stop-Startzeit
  distanz=round(laufzeit/2*34300,2) # Schallgeschwindigkeit 340 m/s
  #print("Laufzeit "+str(round(laufzeit*1000,3))+" ms")
  print ("Entfernung beträgt: "+str(distanz)+" cm")
  return distanz
try:
  while True:
    distanz=entfernung()
    if distanz < 10: # Wenn etwas weniger als 10 cm entfernt ist dann
        os.system("fswebcam image.jpg")
        print("Objekt erkannt, Foto aufgenommen!")
        time.sleep(5)
    time.sleep(1)
except KeyboardInterrupt:
  GPIO.cleanup()
```

Ergänzt wurde die Abfrage, ob eine Distanz unterschritten wurde. Im Beispiel wurde die Grenze, ab wann ein Foto geschossen werden soll, auf 10 cm festgelegt. Anschließend wird die Meldung „Objekt erkannt, Foto aufgenommen" ausgegeben, gefolgt von 5 Sekunden Wartezeit, damit nicht mehrere Bilder hintereinander geschossen werden.

```
    if distanz < 10: # Wenn etwas weniger als 10 cm entfernt ist dann
        os.system("fswebcam image.jpg")
        print("Objekt erkannt, Foto aufgenommen!")
```

Wenn das Programm ausgeführt wird, wird dauerhaft die Entfernung ausgegeben. Die Ausgabe der Laufzeit wurde im Vergleich zum Testprogramm des Sensors auskommentiert.

*Abbildung 89 Aufbau der Schaltung auf einem Steckbrett*

Wenn wie beschrieben die 10-cm-Grenze unterschritten wird, wird automatisch ein Bild aufgenommen und im gleichen Verzeichnis gespeichert, in dem sich auch das Python-Programm befindet.

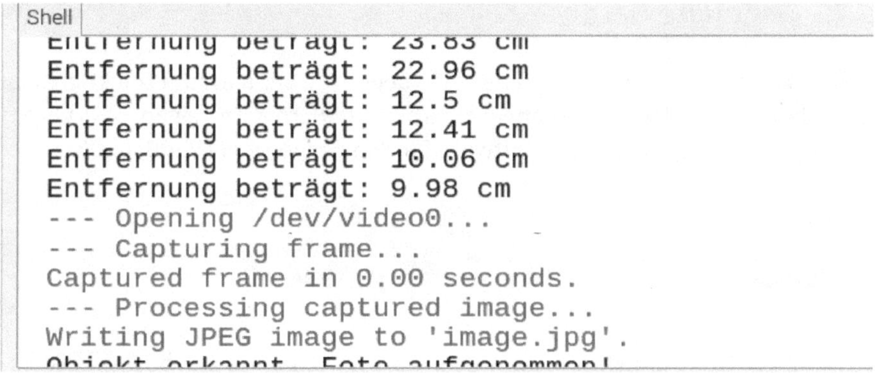

```
Shell
Entfernung beträgt: 22.96 cm
Entfernung beträgt: 12.5 cm
Entfernung beträgt: 12.41 cm
Entfernung beträgt: 10.06 cm
Entfernung beträgt: 9.98 cm
--- Opening /dev/video0...
--- Capturing frame...
Captured frame in 0.00 seconds.
--- Processing captured image...
Writing JPEG image to 'image.jpg'.
```

*Abbildung 90 Aufnahme eines Bildes, wenn die Schwelle von 10 cm unterschritten wird*

Es ist auch möglich, einen Bewegungsmelder allein mit einer Webcam zu realisieren. Dafür muss dauerhaft das Bild aufgenommen und mithilfe einer künstlichen Intelligenz ausgewertet werden, wann sich das Bild verändert. Diese Herangehensweise ist jedoch deutlich komplexer und für Anfänger ungeeignet. Zudem ist es auch der Sinn dieses Projekts aufzuzeigen, dass man bei der Auswahl der Sensoren auf Komptabilität achten und ggf. etwas anpassen muss, so wie es beim HC-SRC04 der Fall ist.

Als letztes Projekt wollen wir weitere Möglichkeiten behandeln, die der Raspberry mit sich bringt. Dafür verzichten wir vollständig auf Sensoren oder zusätzliche Hardware.

# 8. Alternative Betriebssysteme — Multimediastation

In dem bisherigen Projekt ging es um die Ansteuerung verschiedener Sensoren. Dafür haben wir das Betriebssystem Raspbian verwendet und darauf ein Python-Skript laufen lassen. Der Raspberry bietet aufgrund seiner großen Community noch viele weitere „Betriebssysteme", sogenannte Images. In diesem Projekt verwenden wir das Betriebssystem **LibreELEC**, um aus dem Raspberry eine vollwertige Media-Station zu bauen. Diese kann dazu verwendet werden, einem Fernseher oder Monitor smarte Funktionen hinzuzufügen. Man kann dann Medien wie Filme, Bilder, Musik oder sogar Serien wiedergeben.

Das Betriebssystem trägt den Namen LibreELEC, das Mediacenter bzw. die Software auf dem Pi wird dabei als Kodi bezeichnet.

## 8.1. Benötigte Hardware

Die verwendete Hardware ist dabei sehr begrenzt. Bei diesem Projekt geht es nicht darum, neue Hardware kennenzulernen, sondern aufzuzeigen, dass bereits umfangreiche, freizugängliche Software für den Raspberry Pi verfügbar ist.

| **Zweck** | **Bauteil** |
|---|---|
| Einplatinencomputer | Raspberry Pi 4 B– 4 GB RAM |
| Speicher für das Betriebssystem | 32 GB microSD-Karte Class 10 |
| Stromversorgung | Raspberry Pi 5 V – 3 A Netzteil |
| Gehäuse | Raspberry Pi Gehäuse mit Kühlung |

## 8.2. Aufsetzen der Software

Um Kodi auf den Raspberry Pi zu spielen, öffnen wir den Raspberry Pi Imager.

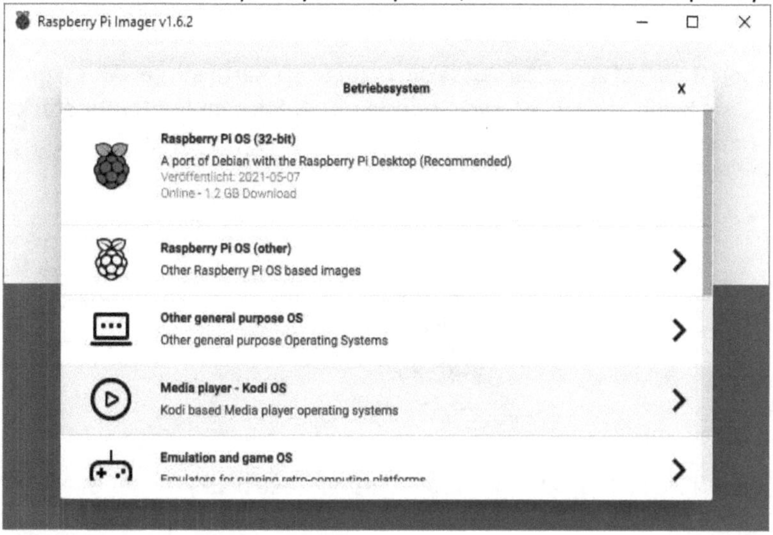


*Abbildung 91 Auswahl des Media player OS*

Diesmal wählen wir nicht Raspberry Pi OS aus, sondern scrollen ein wenig weiter runter bis zur Spalte Media Player Kodi OS. Dort wählen wir LibreELEC und anschließend LibreELEC PI4 aus.

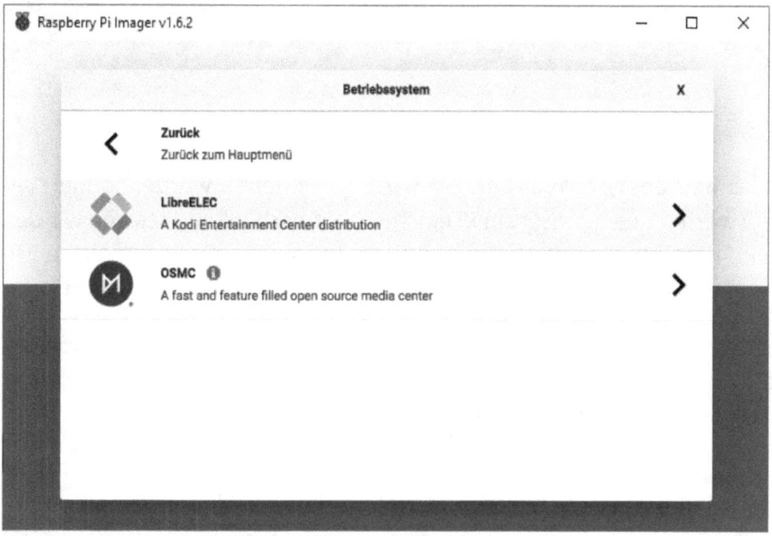


*Abbildung 92 Auswahl des Betriebssystems LibreELEC*

Der restliche Ablauf ist identisch mit der Installation des vorher vorgestellten Betriebssystems Raspbian. Wir wählen die Speicherkarte aus, bestätigen, dass sie beschrieben werden soll, und warten sowohl den Schreib- als auch den Verifizierungsprozess ab.

! Hierbei ist darauf zu achten, dass die richtige SD-Karte ausgewählt wurde und dass keine andere SD-Karte oder ein USB-Stick im Computer steckt. Die Daten auf einem solchen Datenträger werden dauerhaft überschrieben!

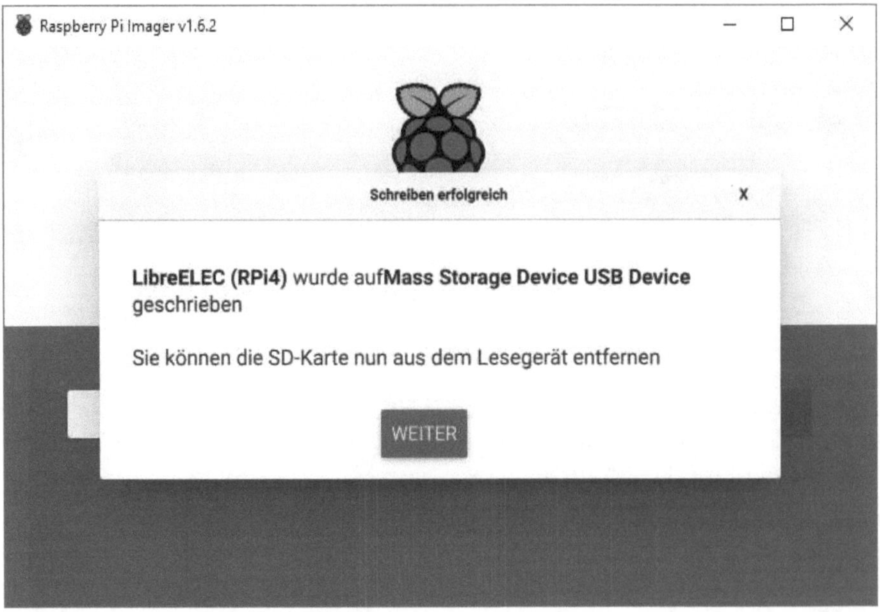


*Abbildung 93 Erfolgreiches Schreiben des OS auf die microSD-Karte*

Nachdem das Betriebssystem auf die SD-Karte geschrieben wurde, können wir die Karte auswerfen und in unserem Pi einstecken. Anschließend starten wir den Pi. Dabei wird das Betriebssystem das erste Mal initialisiert. Das kann einige Minuten in Anspruch nehmen. Anschließend startet ein Installationsassistent.

Dort können wir wichtige Einstellungen wie beispielsweise die Sprache oder einen Gerätenamen auswählen. Außerdem kann direkt die WLAN-Verbindung unseres Raspberry Pi eingerichtet werden.

Anschließend können wir optional einen Fernzugriff via SSH einrichten. SSH steht für Secure Shell und ist ein Netzwerkprotokoll, sodass wir über externe Computer verschlüsselt auf den Pi zugreifen und ihn steuern können. Das ist für die reine Verwendung als Media-Center nicht dringend notwendig, jedoch sinnvoll, wenn man Änderungen von einem anderen PC auf den Pi spielen möchte.

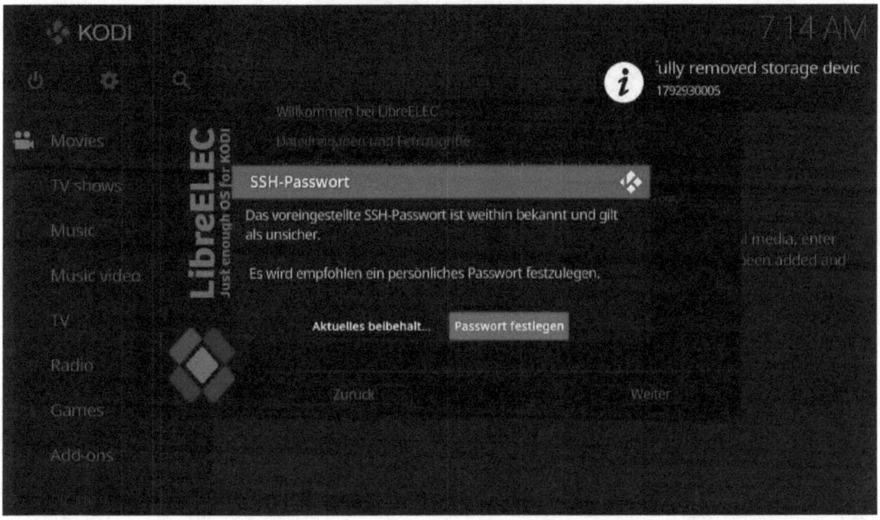


*Abbildung 94 Einstellen der SSH-Verbindung in Kodi*

Dazu aktivieren wir unter *Dienste konfigurieren* den Punkt *SSH* und vergeben anschließend ein neues Passwort.

Die Installation ist damit abgeschlossen und Kodi ist einsatzbereit. Wir können nun beispielsweise einen USB-Stick einstecken und Bilder, Videos oder Musik abspielen.

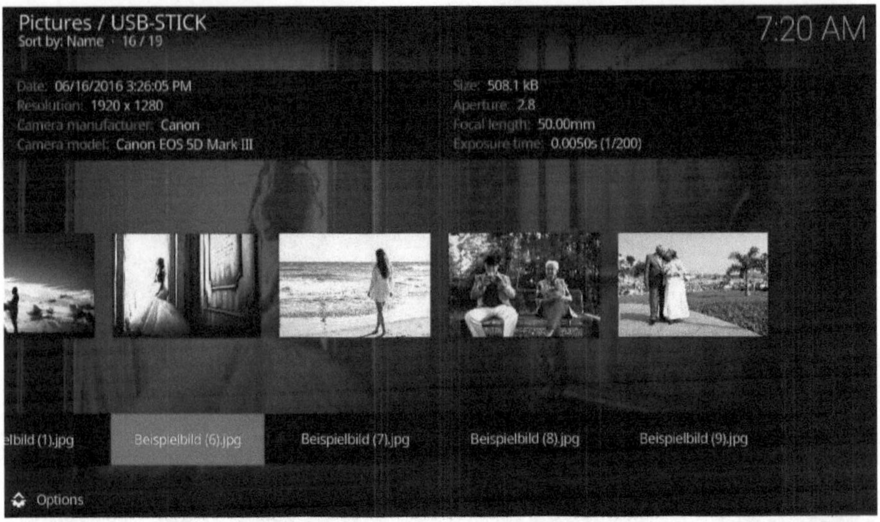


*Abbildung 95 Anzeigen von Beispielbildern*

Außerdem können wir Erweiterungen über das Internet auf unserem Raspberry Pi installieren. Dafür bietet Kodi Erweiterungen an, sogenannte Add-ons.

Mithilfe der Add-ons kann man den Zugriff auf Mediatheken von Drittanbietern erhalten oder sogar Spiele auf dem Raspberry spielen.

Es gibt einige lizensierte Add-ons von Kodi. Alle anderen Add-ons sind von Drittanbietern. Hier muss man aufpassen, dass die Add-ons nicht gegen Lizenzen verstoßen. Vor allem bei Filmen oder Musik ist das oftmals der Fall!

Bevor man sich ein Add-on installiert und die Inhalte konsumiert, muss man sich informieren, ob die Inhalte legal und lizensiert bereitgestellt werden. Steuern lässt sich Kodi aber nicht nur über die Tastatur. Die Entwickler stellen eine App bereit, mit deren Hilfe man Kodi auch leicht mit dem Smartphone bedienen kann.

## 8.3. Steuerung per App

Zunächst müssen wir jedoch den Fernzugriff über das Internet genehmigen.

Dafür wählen wir in Kodi oben das Zahnrad aus, gehen anschließend auf *Services* und weiter zum Unterpunkt *Control*. Dort müssen wir den ersten Punkt *Allow remote control via HTTP* aktivieren. Es empfiehlt sich, ebenfalls *Require authentication* zu aktivieren, was eine Passwortabfrage vor dem Zugriff bedingt.

Anschließend setzen wir einen Benutzernamen und ein Passwort fest.

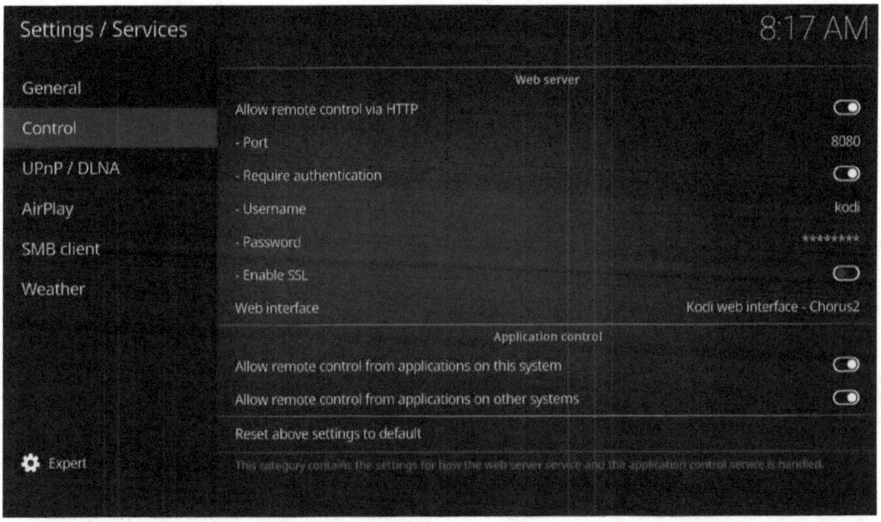


*Abbildung 96 Aktivieren des HTTP-Zugangs*

Nachdem der Fernzugriff gestattet wurde, laden wir uns die offizielle Kodi-App mit dem Namen *Kore, Official Remote for Kodi* vom Herausgeber *Kodi Foundation* herunter. Diese ist im Google-Playstore kostenfrei herunterzuladen. Alternativ für iPhone-Nutzer gibt es im App-Store ähnliche Apps wie *Official Kodi Remote*. Beim Öffnen scannt die App automatisch nach Geräten. Wir verbinden unser Gerät und geben das Passwort ein. Anschließend können wir unseren Raspberry über die App steuern.

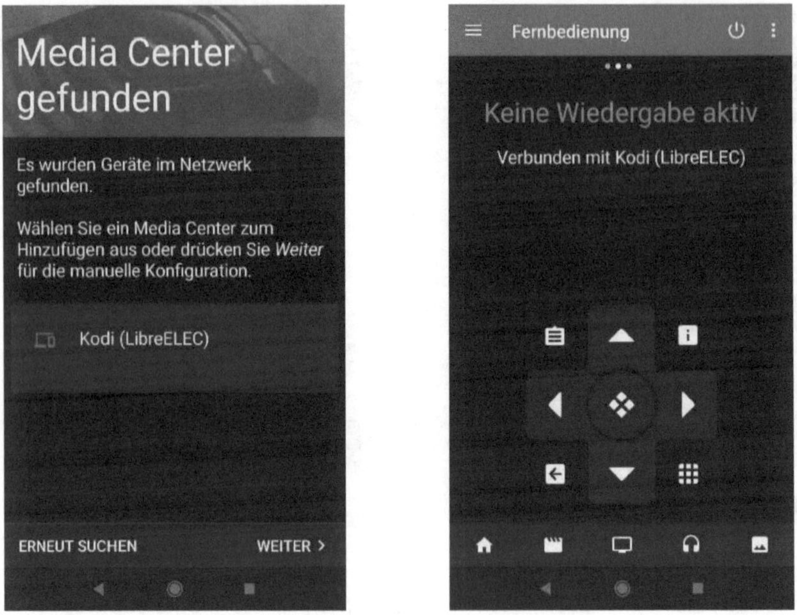


*Abbildung 97 Verbinden mittels Kodi-App*

Kodi bietet, wie angesprochen, noch viele weitere Funktionen. In diesem Projekt liegt der Fokus jedoch klar auf dem Einrichten und der Verwendung eines alternativen Betriebssystems, in diesem Fall LibreELEC.

Es gibt noch unzählige weitere Betriebssysteme, welche die Community rund um den Raspberry Pi erstellt hat. Beinahe für jeden Anwendungsfall gibt es eine passende Linux-Variante, sei es *RetroPi*, mit der man den Raspberry zu einer Retro-Spielekonsole umfunktionieren kann, *Octoprint*, mit der man eine 3D-Drucker-Ansteuerung und -Überwachung aufsetzen oder *Home Assistent,* mit dem man sein Eigenheim smart gestalten kann. All diese Möglichkeiten und noch viele weitere wurden bereits in den Raspberry Pi Imager übernommen.

Ist das passende OS nicht im Raspberry Pi Imager vorhanden, kann man sich weitere Betriebssysteme von Drittanbietern herunterladen und ebenfalls über den Pi Imager auf den Raspberry spielen. Auch hier sei gewarnt, dass man Software ausschließlich von verifizierten Stellen herunterladen sollte, damit man das Risiko von Schadsoftware ausschließt.

# 9. Schlusswort

Damit sind wir am Ende dieses Einsteigerratgebers angekommen. Wir haben die Grundlagen der Elektrotechnik und der Python-Programmierung behandelt. Auch wissen wir, wie vielfältig die Einsatzbereiche des Raspberry Pi sind. Die behandelten Projekte haben dabei jeweils verschiedene Bereiche exemplarisch abgedeckt. Schlussendlich ist jedoch anzumerken, dass dieser Ratgeber den Fokus auf Kompaktheit und nicht auf Vollständigkeit legt.
Natürlich sind diese Seiten nur eine Einführung, um mit der Thematik vertraut zu werden. Die Welt der Elektrotechnik, der Programmierung und Automatisierung ist um einiges umfangreicher. Es warten komplexere Aufgaben, weitere Sensoren und Erweiterungskarten.
Mit jedem neuen Projekt und jeder neuen Problemstellung wachsen wir und werden besser, um sowohl im logischen Verständnis der Hardware als auch in der Programmierung und der Fähigkeit, das große ganze Bild zu sehen.

Deshalb widmet dieses Buch seine letzten Zeilen Konrad Zuse und Helmut Schreyer, den Ingenieuren, die mit der Zuse Z3 den Grundstein für die Digitalisierung, das Erstellen von Einplatinencomputern und sogar die Erstellung dieses Buches ermöglicht haben.
Vielleicht ist ein Leser dieses Buches der nächste Konrad Zuse? Wenn man an sich glaubt, ist jede Herausforderung zu bewältigen.

*„Der Glaube an eine bestimmte Idee gibt dem Forscher den Rückhalt für seine Arbeit. Ohne diesen Glauben wäre er verloren in einem Meer von Zweifeln und halbgültigen Beweisen."*

-Konrad Zuse

## Gratis E-Book

Danke, dass du dir dieses Buch gekauft hast. Da der Buchdruck direkt von Amazon übernommen wird und ich keinen Einfluss auf die Qualität der Bilder habe, kann es sein, dass vereinzelt Details verloren gehen.

Deshalb biete ich beim Buchkauf das E-Book in Farbe gratis als PDF-Datei an. Dort finden sich alle Bilder hochauflösend und man erhält immer die aktuelle Version inklusive aller Programmcodes.

Dazu schicke eine Nachricht mit dem Betreff „Raspberry-E-Book" sowie einen Screenshot des Kaufs oder einen Nachweis über die Bestellung an folgende E-Mail-Adresse (private Daten können geschwärzt sein):

BenjaminSpahic@pbd-verlag.de

Ich werde dir das E-Book umgehend zukommen lassen.

Wenn dir etwas fehlt, nicht gefallen hat oder du Verbesserungsvorschläge oder Fragen hast, schreib mir gerne eine E-Mail.

Wenn dir das Buch gefallen hat, würde ich mich über eine positive Bewertung bei Amazon freuen. Das hilft der Sichtbarkeit des Buchs und ist das größte Lob, das ein Autor bekommen kann.

Dein Benjamin

# Über den Autor

Benjamin Spahic ist ein aufstrebender Technik-Autor und Experte auf dem Gebiet der Elektrotechnik und Erneuerbaren Energien.
Benjamin ist zudem zertifizierter Energieberater und hat einen Master-Abschluss in der Informationstechnik mit Schwerpunkt auf Energietechnik und Erneuerbaren Energien.

Während seines Studiums war Benjamin als Schülerhilfe und ehrenamtlicher Nachhilfelehrer tätig. Gleichzeitig sammelte er praktische Erfahrung bei der Siemens AG am Standort Karlsruhe in der Hardware-Entwicklung.
Benjamin verwendet in seinen Büchern einer leicht verständlichen Sprache, um seine weitreichende Expertise zu vermitteln.
Seine Werke werden in diversen Schulen, Universitäten und Weiterbildungskursen verwendet. Zudem wurden zahlreiche seiner Werke übersetzt.

Benjamins Ziel ist es, preiswerte Bildung einer breiten Masse an Lesern zugänglich zu machen und dadurch die Expertise im Bereich der Technik zu fördern.

## Bildnachweise:

Alle nicht genannten Inhalte wurden vom Autor selbst erstellt. Er ist daher Urheber der Grafiken und hat die Verwendungs- sowie Verbreitungsrechte.

Cover: Daniel Chetroni / Shutterstock.com

https://icons8.de/icon/113140/kugelbirne
https://icons8.de/icon/79638/obligatorische
https://icons8.de/icon/78038/math
https://icons8.de/icon/42314/taschenrechner
*: https://commons.wikimedia.org/wiki/File:Z3_Deutsches_Museum.JPG
*: https://de.wikipedia.org/wiki/Datei:Widerst%C3%A4nde.JPG
**: https://de.wikipedia.org/wiki/Datei:Resistor_symbol_America.svg
**: https://de.wikipedia.org/wiki/Datei:Diodenalt2.png
*: https://de.wikipedia.org/wiki/Datei:Diode_pinout_de.svg
*: https://de.wikipedia.org/wiki/Datei:Elko-Al-Ta-Bauformen-Wiki-07-02-11.jpg
*: https://commons.wikimedia.org/wiki/File:Kondensatoren-Schaltzeichen-Reihe.svg
*:https://commons.wikimedia.org/wiki/File:AVR_group.jpg
https://www.amazon.de/dp/B083P5D7J6/
https://www.amazon.de/Raspberry-Pi-RBCA000-Mainboard-1176JZF-S/dp/B008PT4GGC
https://www.raspberrypi.com/products/compute-module-3-plus/
https://www.raspberrypi.org/products/type-c-power-supply/
https://www.raspberrypi.com/products/raspberry-pi-zero-w/
https://www.raspberrypi.com/products/raspberry-pi-4-case-fan/
https://www.raspberrypi.com/products/poe-hat/
https://www.raspberrypi.com/products/raspberry-pi-tv-hat/

*:https://de.wikipedia.org/wiki/Raspberry_Pi
https://www.raspberrypi.com/products/micro-hdmi-to-standard-hdmi-a-cable/
https://www.amazon.de/dp/B08P5SDCVT
https://www.amazon.de/dp/B083P5D7J6/
*: https://de.wikipedia.org/wiki/Arduino_(Plattform)

FSC
www.fsc.org
MIX
Papier | Fördert gute Waldnutzung
FSC® C083411

Kolibri 360 GmbH
Ferdinand-Jühlke-Straße 7
99095 Erfurt, Deutschland
produktsicherheit@kolibri360.de